生涯一編集者

小川哲生
Ogawa Tetsuo

構成・註釈：佐藤幹夫

飢餓陣営叢書3

言視舎

生涯一編集者　目次

生涯一編集者

第一章

「小さな会社だからこそ著者一番の仕事をもらいなさい」

▼ぼくはなぜ「編集者」になったか

本を作る人間になりたい、こういう本を作りたいという気持ちは、学生の頃からありました。それを実現するには編集者になるのが一番いい。

若い時のパターンとして、物書きになりたくて出版社へ入った、そして身すぎよすぎのために編集者を、というのが多いと思います。でもぼくは、本を作りたいという気持ちが最初にあったのです。なぜだろうと考えると、自分はとても書き手にはなれないと思ったのです。ドストエフスキーの『カラマーゾフの兄弟』を読んだあとで、それに続く作品を書く勇気はありませんでした（笑）。そんな大げさなことを言わなくても、書き手になる、という大それたことは考えていなかったのです。こんなすごいものは書けない、と思うことが多かったし、むしろ、この著者にはこういうことを書いてほしいと、相手を通して自分を実現させていきたい、という気持ちが強くありました。

吉本隆明さんの文章の中に、編集者というのは大学の教師と同じようにグロテスクだ、という言い方をしているところがあります。ところがもう一方で、岩淵五郎という編集者に対し、書き手になれなかったから編集者として大きくなって書き手を差配してやろうとか、そういうつまらない編集者がたくさんいるが、本当はそうではないはずだ、岩淵五郎という編集者は何ごとかを断念していて見事だ、ああいう編集者はすごくいいんだと書いているのです(＊1)。

ぼくは編集者になっても、すぐには本を作らせてもらえませんでした。入社早々、こういう本を出したいと企画を出すと、編集のイロハもわからないのに生意気なことを言うな、と一喝されるわけです。そのまえにまず仕事を覚えろ、企画はその後だ。そんななかで校正を覚え、本の発送という雑用をこなしながらいろいろ考え始めました。「本の発送という雑用」という表現は一見バカにしているように聞こえるかもしれませんが、そうではありません。六十三歳で社員編集者を辞めるまで、本の発送はすべて自分でやっていましたし、どんなに忙しいときでも若い人間に手伝わせるといったようなことは一切しませんでした。編集者は本を作るだけではなく、売り方や本の発送をふくめて、編集作業と心得ていたからです。

というわけで、とにかく出版社に入らなければ本は作れない。いまのように外部編集者・フリー編集者という形は考えられない時代でしたし、編集者というのは本を作るところから売るところまで、すべてやって初めて編集者です。外部編集者のように、売るところは知っちゃいないというのは、ぼくはだめだと思うんです。売るところまで考えない編集者は編集者じゃないという考えが、いまでも抜き難くある。それがパブリシティ対策をすることにもなり、ぼく自身はのちに本になったパブリシティ・シートというものをつくることにつながります。現在は、自分が社員編集者じゃなくなっているから、現実にはそこまでは考えられませんが、いまだに売るところまでやるのが編集者だ、という思いはあるんです。なかなかわかってもらえないのですが、それが編集行為というものです。

それはそれとして本題に入ると、ぼくは、吉本さんに相手にしてもらえるような本を作りたかった。そのためには、最初に、この人とこの人とでこういう本を作って、次はこうしてこうやって、そして最終的に吉本さんのところに到達しよう、という順番を自分のなかに勝手に作っていたのです。

それが自分にとっての編集者という具体的な姿となります。

当然のごとく、吉本さんの本は大学時代から読んでいたのですが、大学一年の時の誕生日に同じクラスの友人二、三人が金を出し合って、プレゼントとしてぼくにくれたのが『自立の思想的拠点』（徳間書店、一九六六）で、これが吉本さんとの活字をとおしてのはじめての出会いになるのです。情況を捉える目の確かさといいますか、それを読んで、ああ、この人はすごい、こんなすごい人がこの世にいたのかと驚きました。最初の吉本隆明開眼ということになります。こうなると、この人のものはすべて読みたいと思い、それから乏しい小遣いの中から本代を捻出し、吉本さんの本を次々に買っていくことになります。ぼくの吉本さんの追っかけは、この『自立の思想的拠点』から始まります。

次は『模写と鏡』（春秋社、一九六四）ですね。そして『抒情の論理』（未来社、一九五九）にいって、『芸術的抵抗と挫折』（未来社、一九六三）、『異端と正系』（現代思潮社、一九六〇）と続くわけです。まさにこの時代は、全集全盛時代で、ほれた人のものは断簡零墨まですべて読みたいという時代でした。現在は、一冊読めば、ハイ、これでおしまいですから、全集はほんとに売れなくなってしまいましたね。現在では、企画会議で話題になる著者の実績などは、あまり企画を判断する材料にはなりません。前著が売れたからといって、次の本が売れる保証がないのです。読者は浮気者だと覚悟しなければなりません。つらい時代です。

六八年、大学二年の時に『情況への発言』（徳間書店、一九六八）という本が出ます。当時、徳間書店にいた宮下和夫さん（元・弓立社社主）が手がけた本ですが、あの本が出て、それまで吉本さんの本を読んでいて難しかったところが、そうかそうかとスーッと頭に入ってくるようになったのを覚えています。講演録ですから断然読みやすい。それと、吉本さんは繰り返し言葉を換えて説明しますね。あの繰り返しが理解を容易にしてくれるのです。それはそうとぼくは本を読みながら線を引いていたのですが、線を引きながら世界のすべてを理解できると考えるなんて、なんと愚かな行為だと冷や水を浴びせる言葉があるんですが、ぼくは馬鹿でいいんだと勝手に決めたところがあり、線を引きながら読んでいったのです。

会社に所属している編集者は、自分の作っている本と、会社が食うために作っている本とは違いますから、そのバランスをどうとるかは、編集者は常に問われております。自分が作りたい本の水準を下げても、会社に合わせないといけないところがあるわけだけれど、ぼくは編集者としてそういうことはあまり考えなかった。まわりからはとても傲慢に見えたかもしれませんが、ただただ不器用なだけなのです。最終的に吉本さんの本を作る編集者になりたい、そうなった方がいいと、極端なことを言えばそれだけを考えてきたのですね。実際は、なかなかそうならないのですが、駆け出しのときにそう考えたのです。

ところが、ここで一つ手違いが生じます（笑）。これはいつもの習い性ですが、ぼくの読みたい本が全世界の人が読みたい本で、しかもそれが売れる本だなんていうのは大間違いで、むしろ一般社会ではなかなか読まれない本だということに気がつくのが、ちょっと遅かったということです。これは冗談みたいですが本当の話です。しかし、気づいたからといって方向転換するわけにもいきませんから、そのままで行くことにしたというのが実感です。そういう感じで、四十数年、編集者をやってきたわけですが、売れる本よりいい本を作りたい、それで食えないことになって給料を下げられてもしようがねえ、という感じで仕事をしてきました。実際に給料をカットされたこともあったけれど、それは最後まで変わりませんでした。いまだにカミさんには、もう少しうまくやってくれたらいいのに、その分、わたしが苦労したんだからと言われ、今でも頭があがりません（笑）。

（＊1）「ある編集者の死」と「ひとつの死」から成り、『自立の思想的拠点』に収められたのち、『全著作集7作家論』（初版一九六八年十一月）に「岩淵五郎」として収録された。以下、長くなるが引用させていただく。引用は『全著作集7』より。

「わたしが岩淵五郎にはじめて接したのは、物書きのごたぶんにもれずひとりの編集者としてであった。物書きの方からみえる編集者にはおおよそ三つのタイプがある。ひとつはじぶんも物書きであるか物書きの候補者のにおいをもったものである。もうひとつはじぶんが所属している出版社を背光にして文壇的にか政治的にか物書きを将棋の駒のように並べたり牛耳ったりしてやろうと意識的にあるいは無意識のうちにかんがえているものである。あとのひとつは、他の職業とおなじような意味で偶然、出版社に職をえているといったうすぼんやりしたものである。（略）

岩淵五郎も、いずれこの三つのタイプのどれかに属するはずであったにちがいない。しかし何かがかれを編集者のタイプから隔てていた。（略）

わたしは、いつのころからか物書きと編集者という立場を意識せずに、もっとも信頼するに足るひとりの人間としてかれに接するようになっていた。そうするうちに、この自己について語りたがらない人物が、どこかでいつか〈放棄〉したにちがいない生の構造がおぼろげながらわかるようになった。岩淵五郎は、どんな理由で、なぜそうしたかは知らないが、過去のある時期にじぶんの人生を捨てたにちがいない。」

こう書き、そして吉本氏は次のように結んでいる。

「わたしは物書きとして多くの敵をもっているが、物書きである敵などはいずれもたいした敵ではない。しかし、岩淵五郎のような自己を放棄した敵がこの世に隠れているとすれば、現在のわたしはとうていそれに抵抗できないだろう。かれの存在をおもうたびに、わたしはいつもじぶんの書く物の届きえない存在がこの世にあるのを感じた。この世でわたしの書くものをひそかに肯定したり、わたしの書くものに微笑して激しい敵意を燃やしてくれた存在を、いま、喪ったのである。
生きてゆくことは辛いことだなあという、何度も何度も訪れたことのある思いが、こんどは肉体までそぎとってゆくのを覚える。」（p.411～413）
初出は昭和四十一（一九六六）年。吉本氏、四十二歳の時の文章である。

▼「吉本隆明」にたどり着くまで

吉本さんにたどり着くまで、一つは、その著者がきちんとした仕事をしているかどうか、という水準を考えたこと。それから通俗的ではない立派な人が世の中にはいるわけですから、そういう人の本を作らないと意味がないのではないか。このふたつが考え方の基本となります。

こういう考えの流れのなかに、忘れてはいけない一群の書き手たちがいます。萱谷規矩雄さん、田川建三さん、新川明さん、渡辺京二さんという書き手たちです。一般の方には、共通点はわからないかもしれません。ぼくにとってのみ共通するからです。この四人の方に共通しているのは、四人ともめっぽう喧嘩が強いことがあげられます。もちろん〝文章の腕力〟です。その筆鋒の鋭さといったらきわめて魅力的で、吉本さんの「情況への発言」の魅力に通じるものです。その筆鋒の鋭さとはうらはらに人間的魅力に富んでいて、いったん付き合うとけっして裏切らない人間の信用力というのでしょうか、そこに魅かれました。気はやさしくて力もちというやつです。

例えば菅谷規矩雄さんという、もう亡くなった詩人がいます。かつての東京都立大学を、授業拒否という理由でクビになった詩人・ドイツ文学者（ハイデガー研究者）でした。話術の名人で、よく酒席をともにしたひとです。このひとにはずいぶんおおくのことを雑談のなかで教えられました。五十代のはじめで亡くなったのは、かえすがえす残念です。ぼくは菅谷さんと『詩的リズム——音数律に関するノート』（大和書房、一九七五）という本を最初に作るんですけれども、彼の方法意識に満ちた原理思考、原理的に物事を考えていくときのあり方は吉本さんに通じるところがあります。彼には陰に陽に非常にお世話になるのですが、そのことについては別な機会にもう一度触れることがあると思いますので、ここでは簡単にすませてしまいますが、この人は立派な方だと思い、彼の本を作ることに全力をかたむけようと決意したわけです。最初に手紙を差し上げましたら、一度遊びにいらっしゃいと返事があり、それで付き合いが始まりました。

もう一人は、田川建三さん。新約学者です。彼の『マルコ福音書　上巻　現代新約注解全書』（新教出版社、一九七二年初版、一九九七年増補改訂版）という大変地味な本でありながら、非常に売れた専門書があるのですが、その本のあとがきに次のような言葉があります。

「今後だれであれ、日本語で、福音書、イエス、原始キリスト教について、ものを書いたり、公衆の前ではなしたりする場合には、少なくとも、本書で指摘しただけの問題点をふまえた上でやってくれと言い切るだけの自信がある」

こういう言い方は、ぼくのもっとも好むところなのです。パーっと思いのたけを述べグダグダ言うよりさくッと本質に切り込み、他者の反撥を恐れない態度といいますか、その立ち位置が非常に好ましい。さらに「私の出した結論に反対したければ、少なくとも、その結論を出すのにふまえざるをえなかったすべての問題点を検討した上でなされるべきなので、安易な護教論的に批評なんぞをならべていただくわけにはいかない」と痛烈な啖呵を切っています。こういう啖呵を一度だけでも切ってみたいと考えたことがあるのですが、ぼくには到底無理なことです。なにしろ研鑽の度合いが違いますから。彼自身は常に自らをそう律しているのだろうし、ここまで言うこの人はすごいもんだね、と思ったのです。一度会ってみたい、と。

しかも当時彼は、学園闘争で学生を弾圧する大学当局を批判して、ＩＣＵ（国際基督教大学）をクビになっていたのです。(*2) 菅谷さんも田川さんも、いずれも大学を馘首されていますが、自分の思想に忠実だったことは彼らの生き方の正しさを証明するものです。当時、ぼくは、なによりも生き方の確かさを価値上位においていたのです。

それに比べて、国家権力の後ろに隠れて振舞ったＩＣＵの学長の武田清子をはじめとする、処分に賛成した進歩派学者や都立大の教授たちの胡散臭さは、本当に情けないありさまです。学問の出来と生き方の確かさが両立しないならば、ぼくが加担するのは、明らかに生き方の確かさのほうになります。こう言いますと、なにか不当なことを言っているように聞こえてしまいますが、そういう誤解にはあえて反論はしません、所詮、価値観が違います。

ぼくは無力ですが、田川さんの本ならば、なんとしてでも作らないといけないと思った。これはけっしてへそ曲がりだからではなく、人間に対する信頼、仁義というべきものです。

彼はさらりと次のように述べます。

これは、ぼくがはじめて田川さんに手紙を書いた時に、ぜひとも引用せずにはおれなかった言葉です。ドキリとし、また感心した言葉であることは申すまでもありません。それを引用させてください。

《一人の歴史的人物をどう描くかは、とどのつまり、歴史とは何かという問いに帰着する。たとえ抽象的思想の言葉であろうと、一人の歴史的人物の言葉をとらえようと思えば歴史とは何かという問いに帰着せざるをえない。》

《言葉は、このように状況に向かって発せられる時に、明らかに、一つの行動なのである。そしてイエスの言葉を行動の一こまとしてとらえる者は、さらにイエスの活動全体をも、その歴史的状況に立ち向かう者として理解することができるだろう。》

この引用は、当時、中央公論社から出ていた『歴史と人物』に連載された「逆説的反抗者の生と死」からのものであることをお断りしておきます。単行本の『イエスという男』（三一書房、一九八〇。後に第二版〔増補改訂版〕作品社、二〇〇四）にそのまま載っているかは、保証の限りではありません。

田川さんのいう〈歴史〉をとらえる目こそ必要と感じるのは、〈すぐれて歴史的現在に生きる者のみが、すぐれて歴史的過去に肉迫する想像力を持ちうるのです〉から。吉本さんのいう〈情況は情況をとらえる者の場において情況となる〉という意味での真の情況論は〈歴史〉に他ならないと考えてもいいのではないでしょうか。

当時、ドイツのゲッチンゲンにいた彼にそのようなことを手紙に書き、交流が始まるのですが、ゲッチンゲン、ザイールのキンシャシャ、そしてフランスのストラスブールを経て、帰国。はじめて会うのは、実に最初の手紙を書いてから四年後であり、そのとき『宗教とは何か』（大和書房、一九八四。その後、増補改訂版として洋泉社・新書ＭＣ『宗教とは何か』上・下、二〇〇六）の原稿六〇〇枚をもらうことになります。その間何通かの手紙のやり取りをしています。簡単にはお会いできない海外とのやり取りだったのですから可能だったわけです。

そうそう、ここでひとつ付け加えておきたいエピソードがあります。

田川さんと吉本さんに関してのエピソードです。現在では、お互いに批判する仲になっていると思われていますが、当時はそうではなかったのです。たしか田川さんがゲッチンゲンに行くすこし前くらいに西荻南教会で田川建三さん、高尾利数さん、三島康男さんという方々と吉本さんが「マルクス者とキリスト者の討論」というティーチインを行なったことがありました（一九七〇年七月二十五日）止揚の会の主催です。これはのちほど〈止揚シリーズ№１〉という小冊子にまとめられています。当時、田川さんは、ＩＣＵをクビになって、いくつかの大学の非常勤講師で喰いつないでおり、堺市の風呂屋の二階の家賃一万円の部屋で過ごしていた時期です。どうしても喰えなくなって、これは、ご自身の言葉ですが、「出稼ぎ兼研究」のためドイツにいこうとしていた時期と重なります。

そうしたなかで、それに出席した吉本さんが後にぼくに話してくれたのは、こういうことです。

田川さんがこんど訪独することにケチな批判をする奴がいるが、そんなことはなんら問題にならない。いつもそうなのだが、自分は何をするわけでもないのに、留学にたいして「日本から逃げた」だの「闘争から逃亡するものだ」などと人に対してケチをつける奴がいる。そんなのは無視すべきだ。田川さんの専門とする新約学の世界水準はどこにあるかを考えれば、かれがドイツに行くことに対してだれにも遠慮することなどないしむしろ胸をはってゆくべきだと思う。そう私は勧めたい、と。これを聞いたときの感動はあざやかに覚えております。よきものをよしとする吉本さんの真骨頂があらわれている挿話ですが、もし田川さんもその時それを聞いたら内心、心強く思ったのではと考えます。

ゲッチンゲン、キンシャシャ、ストラスブールと三月に一回は手紙を交わしたことがつい昨日のことのように感じます。

ぼくが社員編集者を辞める際に、村瀬学さんが、ぼくが担当した本を刊行するたびに書いたパブリシティ・シートを一冊にまとめ、それを私家版としてだしてくださいましたが、それを受け取った田川さんはわざわざぼくに心溢れるお手紙を下さいました。現在、言視舎から刊行中の市場版の『編集者＝小川哲生の本』の付録「小川哲生への手紙」というタイトルで再録していますのでみることができます。ただ、ひとつ訂正しておきたいのは「拝啓。定年退職なさって……」という一句であります。正式には定年の六十五歳の二年前の六十三歳で定年前に自発的にというか何ものかにせかされたというか、自ら退職したのですから、間違いといえば間違いですが、そんなことは本人以外にはそれほど切実な問題ではありませんね。

ライフワークの『新訳聖書・訳と註』全七巻八冊と『新約聖書概論』の完成を早く達成していただきたいと望むのはわたしひとりではないでしょう。

次は沖縄に住むジャーナリストにして詩人の新川明さんです。学生時代に読んだ大江健三郎の

『沖縄ノート』（岩波新書、一九七〇年初版発行）に、沖縄に新川という凄い人がいる、と書いてあった。(＊3) この人が書いた『新南島風土記』という『沖縄タイムス』に連載していた原稿があって、彼の本を作りたいと思い、ぼくは手紙を書くのです。新川さんの『新南島風土記』は、吉本さんの南島論と相互に呼応しあう関係にあるもので、ぜひとも読んでみたい、那覇の沖縄タイムスに手紙を書いて、連載を読みたいので、コピーを送っていただけませんかと書いたのです。すると、総務部からの返事で、うちの会社に来れば全文コピーできますから、ぜひどうぞ来てくださいと言われたのですが、行くのは大変だから送ってくれと、図々しいことをぼくは言ったのですから、なんと非常識なことか。

後になって刊行がきまっていた出版社の担当者から企画がポシャった後に、新川さんの同意を得て手に入れて、何とか読むことができたのですが、島尾敏雄さんも、沖縄に行くとき「今日は沖縄に行ける、かけがえの無い友人の新川明に会える」というようなことを書いている。(＊4) あの目利きの島尾さんもそうおっしゃっており、この人は立派な人に間違いないと確信したのです。そうすると、ぼくはどうしてもこの人の本はつくらなければならない一人となったわけです。そうすると矢も立ててもたまらずアプローチするのがぼくの特徴です。

いったんはある出版社からの刊行がきまっていたにもかかわらず、なかなか刊行されなかったのですが、紆余曲折はありましたが、ついにぼくの手にゆだねてくれまして刊行にこぎつけたときの嬉しさはなんともいえませんでした。後に『新南島風土記』（大和書房、一九七八）として、巻末にちょっと長めの跋文を島尾敏雄さんに書いていただき、刊行され、その年の「第32回毎日出版文化賞」

を受けることになります。その後、朝日文庫、岩波現代文庫になり、現在でも手に取ることができますので、お読みになると、なるほどと思われるはずです。

沖縄の反復帰運動の思想的担い手でもあり、『反国家の兇区』（現代評論社、一九七一）、『琉球処分以後』上・下（朝日選書、一九八一）などの著書があります。沖縄を代表するオピニオン・リーダーです。

後に評伝シリーズで『謝花昇』を書いてもらう約束をしたのですが、一〇〇枚ほど書いた時点で、急遽、沖縄タイムスの編集局長、それから社長・会長になり、多忙をきわめ時間的にきつくてどうしても書けないと、たち切れになったのがとても残念です。

彼の律義さでどうしてもはずしてはいけないエピソードをひとつ紹介しておきましょう。

今は亡くなった装丁家の田村義也さん（当時は岩波書店の編集者でありながら装丁の仕事をしていたひとです。書き文字に特徴のあるひとです）の『のの字ものがたり』（朝日新聞社、一九九六）の出版記念会がありまして、週末の金曜日に会を予定していました。だめもとと思い案内状は新川さんにもお送りしたのです。が、那覇からの出席は誰もが無理と思っていたのですが、ひょっこり渋谷の会場に現れたのにはびっくりしました。自分の『新南島風土記』の装丁をしていただいたひとの出版記念会ですもの、参加すべきことは当然ですとこともなげにおっしゃったことが印象的です。那覇と渋谷の距離を考えれば、これはしたくてもなかなかできることではないですね。

もう一人、絶対に忘れてならないのが渡辺京二さんです。渡辺さんの、論を詰めていく姿勢というのはすごくて、今やたいへんな人気の著者になったけれども、当時はまだ本を一冊も出していませんでした。渡辺さんは、マスコミにはあまり原稿を発表していなかったけれど（当時、熊本で『熊本風土記』という雑誌を一人で出しており、後に『苦海浄土』になる石牟礼道子さんの原稿を載せていました。その当時、それをぼくは知らなかったのですが、いまも自分の不明を恥じています）、ぼくが最初に読んだのは『試行』に書いた「テロルの根拠」という論文で、それから「挫折について」という「灰とダイヤモンド」の主人公マチェクを媒介にした論で、花田清輝や谷川雁などの先行世代を鋭く批判したものです。これは『思想の科学』に書いたものでした。

非常に論理的であり、逆説的表現が多いのが特徴で、それでいて情況的な文章は、キレがあり、コクがある、といっても過言ではありません。そうした原稿を読んでいたので、こういう人は、きちんと押さえておかないとだめだと思い、渡辺京二さんの本も出したい、出さなければならない、と決意したわけです。当時、深夜叢書の齋藤愼爾さんと酒を飲むときがあり、会えば必ず渡辺さんのことを話題にするのが常でした。

当時はまだ、読んでいなかったのですが、やはり忘れてならないものは「小さきものの死」というガリ版刷りの雑誌『炎の眼』に（W）という署名で発表した文章でしょうね。この文章を読んだとき、原稿四枚が、優に四〇〇枚に匹敵すると感じたのです。大事なことは長短の問題ではない。もし渡辺京二さんがあの文章を書かなかったら、いま現在、私どもが知っている渡辺京二とは別人物になっていると思わざるを得ないほど重要な文章であるといっても過言ではありません。氏三十一歳の発表です。その意味でこの短い文章は、思想家渡辺京二の誕生を告げるものであり、氏の文学的出発点を飾るものです。

そうやって一つひとつ踏んでいくことでぼくの編集者人生は進んでいくのですが、ことはそれほど単純ではありません。紆余曲折はありながらも、こうした人たちと仕事をし、その延長線上で全て収斂するというかたちで吉本さんのところに行くんだ、と自分で勝手に思っていたわけですが、この方向でやった仕事が一つですね。

（＊2）この間の経緯は、田川建三『批判的主体の形成』（一九七一年、三一書房。のち洋泉社・新書MCに、増補改訂版として復刊）の、「授業拒否の前後」に詳しい。

（＊3）大江健三郎『沖縄ノート』の「Ⅱ『八重山民謡誌』'69」は、新川明氏のことから書き始められている。

「石垣島から沖縄本島、そして日本列島を見つめている詩人であり、新聞記者であるところのあの人間がいる、と考えることは、僕にとって、ひとりの友人について懐かしい心とともに、様ざまな瞬間の、石垣島の風物を背景にした、その浅黒く小柄な、厳密さと機敏なユーモアとの交錯する内省的な眼をした男の、動作、表情を思い浮かべることであった。」（p.36）

（＊4）「沖縄・先島の旅」、『島尾敏雄非小説集成2　南島篇2』（冬樹社、一九七三年初版発行）所収。以下のような文章がある。「しかし、さて石垣島にやってきたものの、こまかな計画をこしらえていたわけではなく、旧知の詩人新川明がいてくれることだけを頼りにしていたようなところがあった。」（p.175）「定めた宿から私は新川明に電話をかけた。石垣島に勤務先が移ったという便りを受け取って、それほど間を置かずに彼をこの島に訪ねることができることに、私は心がはずんでいた。」（p.177）

あるいは『南島通信』（潮出版社、一九七六）所収「新川明の事」。「彼は関係に足をさらわれずに立っていることができるが、それでいて彼の周辺にあたたかな信頼の気配が立ちのぼるのはふしぎなことだ。彼があらわしている「沖縄」が、さわやかな関係を「日本」につきつけてくるのは、そこのところにかかわる

からにちがいない。彼の「沖縄」はみずからをあきらかにしつつ「日本」のすがたをもあきらかにする」。（p.270）

また『追想　島尾敏雄　奄美―沖縄―鹿児島』（南方新社、二〇〇五年）には、新川明氏が「島尾敏雄の若干の回想」を寄せている。初めて会ったのが一九五八年であること。沖縄より一足早く「復帰」して五年目になる奄美大島の取材のために島に渡り、かねてより名を知っていた島尾を訪ねた、と書く。そして「その島尾さんが、後年、私の生き方に大きな影響を与える存在になろうとは、この時は全く予想できないことであった」と書いている（p.25）。

▼筑豊『サークル村』の書き手たちとの交流

もう一つ、初期にぼくがやった仕事は、筑豊の森崎和江さん、上野英信さん、水俣の石牟礼道子さんといった『サークル村』の流れの人たちの本を作ったことです。彼らの本を作りながら、民衆というものを考えていたということがあるんです。そのために九州に行くことになるのですが、きっかけはうちのカミさんでした。

あの頃はまだ、出版社は給料が高いというイメージがあったのですが、ぼくが入った会社は安かったのです。大学四年のときの仕送りよりも給料のほうが少なかった、という事情があって、一つの口だと食えないけど二つの口だと食える、ということがあるじゃないですか。カミさんと二人で共働きをすれば食える。とはいえ、食うためだけで結婚を考えたわけではないですが、たまたまそういうふうになったわけです。たまたまそうなるところが人生の面白いところです。

本音を言えば、カミさんと一緒になることで何かしらの仕事ができるのではと考えていたのです。

当時、一人の女性とほんの二、三人の友人がいれば、世界と闘えると考えていましたから、何ら誇るべきもののないぼくにとっては、結婚は一つの事業をなしえた思いでした。いまでもそう思っています。世間的な孤立などはなんら問題ではないと考えていたのです。

カミさんと結婚する前だったけれども、ぼくがまだ森崎さんを読んでいないとき、カミさんのほうは、すでに森崎さんの本を二冊買って持っていました。一冊を「ちょっと貸して」と少し目を通してみると、あれっと思い、すぐに借りていって、彼女よりも先に読み終わったのです。そしたらこれがすごい。それが森崎さんを読むきっかけです。時期が前後しますが、一九七〇年でした。

そして七一年の夏、婚約中だったけれども、二人で一緒に森崎さんのところに訪ねて行くんです。七一年の十月一日に結婚するんですが、森崎さんのところに行ったのは七月二十八日。ぼくがいた当時の大和書房は、思想書といった種類の本は一冊も出したことがなかったのです。人生論は出していたんだけど、よく見ると、少しだけ人生論ではない本もある。思想書とは縁のない会社を進んで選んだというよりも、たまたま入れたから入った。入ったのはたまたまだけど、そこから何ができるか、ということのほうが大事なわけです。

それから、ぼくの友人だった、いま王国社をやっている山岸久夫という男がいて、彼が一年前にその会社に入っていました。彼がいるから、というのも入社した理由でした。恰好つけた言い方をしていますが、正確にいえば、彼がぼくをこの会社に入れるのに尽力してくれたことを言わないと、アンフェアですね。入社一年のぺーぺーがひっぱってくれたなんて今ではだれも信用しないでしょうが、これは本当の話です。

で、森崎さんのところに行った話ですが、一緒に行ったカミさんに対し、あとになって、この人は同じ会社の人だと思ったと森崎さんは言うんです。森崎さんに連れられて上野英信さんのところにも伺ったのですが、上野さんのところでも、同僚が仕事で一緒に来たんだと思ったというんですね。あとになっても、あの女性は編集者じゃなかったのって言われる。カミさんにも、あなたは私のことをだれにも紹介してくれなかったって、ずっとぶつぶつ言われるんです。でもぼくは、彼女が婚約者だと当然のごとく思ってくれているはずだと考えていたんで、ぼくの場合、そういう勘違いはけっこうあるんです。

身銭を切って著者に会いに行くことを何回かやっていますが、他にもカミさんを連れて行ったことがあります。会社から出張費をもらって行ったわけではなく、自分の金で一緒に行くということをよくやったのです。若さがさせたのでしょう（笑）。二十三、四歳の時の話です。結婚は二十四歳のときで、披露宴はなし。同世代のものは皆、披露宴なしの結婚が普通でした。

話が逸れましたが、大正炭鉱闘争は一九六〇年に大変な盛り上がりを見せたんだけれども、森崎さんたちの『サークル村』は六〇年には終刊していました。その話は陰ながら聞いていたし、吉本さんの本で、谷川雁さんのいろいろな話を読んでいたから、(*5)『サークル村』については知っていたわけです。雁さんの本も粟津潔さん装丁の『原点が存在する』や『工作者宣言』は入手していました。そういうこともあって、この人たちは読まないといけないというのはあったのです。

そのときカミさんが持っていた森崎さんの本は、一つは『ははのくにとの幻想婚』（現代思潮社、一九七〇）、もう一つは『闘いとエロス』（三一書房、一九七〇）です。『闘いとエロス』は、小説のかたちをとりながら谷川雁、森崎和江という実名を出し、もう一人、フィクション化された「私」を語り手として登場させ、森崎、谷川の二人の関係が虚実ないまぜになって語られていくという作品です。

事実や実際の事件を取り込んで展開していくから、フィクション部分を除くと、大正炭鉱闘争の総括の書としても読めるところがあるわけです。いま読むとかなりしんどい内容なのですが、当時はすごく生々しくて、おおすごい、と思いながら読めたのです。七〇年、七一年で、まさに時代が政治的なテーマを求めていましたから、そういう所で問題になったのです。

当時、九州に行く前、学生時代だったころ、一九六六年にサルトルとボーボワール夫妻が鳴り物入りで来日しました。「知識人の擁護」というテーマで講演をし、そのときの講演をまとめたものが京都の人文書院から『知識人の擁護』というタイトルででています。

そのときボーボワールが、誰か会いたい日本人はいますかと訊かれ、唯一、会いたいのは九州にいる森崎和江さんだと答え、実際に、会いに行くんですよ。ぼくはまだ、森崎さんについては何も知らなかったんだけれども、ボーボワールも、おそらくこういう女性がいるよ、と誰かから聞いたんでしょうね。女性であることとはどういうことか。女性であるということにどう言葉を与えることができるか、という問題を森崎さんはずっと考えてきたわけですから、そこのところで、ボーボワールは彼女へ興味とシンパシイを感じたんじゃないでしょうか。ボーボワールのほうから会いたいと言ってきたというのは、大きいことですよね。今考えると、世界的な知名度はボーボワールが少し上でしょうが、ボーボワールの先を行っていたのは実は森崎さんのほうだということですね。

そのことは、もっともっと日本の女性、とくにフェミニストは考えなくてはならないですね。

（＊5）「谷川雁論――政治的知識人の典型」（『知の岸辺へ』弓立社、一九七六、所収）などがある。

▼著者たちに送り続けた手紙

森崎さんの本は、ぼくが作った二冊目の本になります（『異族の原基』、一九七一）。

そのとき森崎さんに会って、森崎さんにお連れしてもらって上野英信さんに会っております。そのときの経緯は本書に収録されている「付録1」の上野さんの追悼文に書いております。四冊目が石牟礼道子さん（『流民の都』、一九七三）。上野さんは五冊目の本になります（『骨を噛む』、一九七三）。だから九州の『サークル村』の著者たちとの関係があったのです。こうするとわたし自身も九州出身と勘違いする人も出てきますが、わたしは東北・宮城出身で、なぜか九州出身の書き手にひきつけられました。

森崎さんは、谷川雁のパートナーであり、吉本さんの『試行』にも書いていた人なんですけれど、『試行』との関係でみると、上野さんの周りにいた東京の編集者たちは、みなさん、縁遠いという関係だったのですね。当時は、吉本さんに対してはそう興味を示さなかった。ところがそれから十年、十五年たつと、おやおや、とぼくは思うんですが、みんな吉本さんに寄って来るようになるわけです。

吉本さんと『サークル村』の人たちは色が違うじゃないか、色の違いはどうするんだ、とよく言われるんですが、そこはぼくの大雑把さと、編集者の大雑把さを合わせれば、いっしょくたになるんだと思っていました。純化思想というか、きっちり分けていくタイプの編集者もいるけれど、ぼくのように大雑把にやっていくという発想もあっていいでしょう。いまはとにかく売れている著者、有名な著者に飛びつくのが編集者の代名詞のようになっていますが、ぼくの場合は最初から、有名無名というファクターにはそれほど重きを置いていませんでした。

生意気だからということもあったのでしょうが、依頼をして、断られるという感じは全くしなかったですね。保証なんて何もないのだけれど、自分で思った企画はだいたい実現できていたんです。当然、ぼくのことなんて著者の人たちは何も知らないわけです。すると原稿を依頼するときに自己紹介の手紙を書かないといけません。当時はパソコンの時代ではないので手紙は全部手書きです。ぼくの字は小さいので、小さい字で文章をたくさん書いて送るわけです。読んだ方は、こんな手紙を書くのだから、痩せた編集者だと思うらしくて、会うといつも、あら肥っているじゃないと言われるんです。当時は今よりももっと肥っていましたからね。今はパソコンの時代だから、こんなことはないかもしれないけど、小さな字でちょこちょこ書いて、封筒が膨らんでしまうほどたくさん書かないと自分の思いが伝わらない、と思っているところがあったのですね。

あとあとになって、それは自分にとってすごく役に立ったと思っています。若い編集者にも、著者に初めて原稿を依頼するときには必ず手紙を書くように、と言うのです。書き手が四〇〇枚、五〇〇枚書き下ろしで書くとき、電話一本で済ませてしまおうなんていうふざけた話は、ぼくはあり得ないと思っているわけです。でも後年になって、若いものにいらぬことを教えるな、手紙などという間遠なことをやっていては他社に遅れをとるから、と多数の面前で面罵されたことがあります。冗談じゃないぜ、と内心強く反撥し、その上司とはあまりうまくいかなくなりました。上司はその後亡くなりましたので、こんなことをいうのは大人気ないことだと思われるかも知れませんが、著者に手紙を書くことを全否定されたのは、ぼくにとっては心外だったことを覚えております。

著者に対する手紙を、二〇〇〇字、三〇〇〇字と書く。自分をさらけ出さないと、それくらいの枚数にはならない。どんな手紙を書くかということになるから、自分は今までこういう本を作ってきました、これからやろうとしていることはこういう本です、そのなかであなたはこういうところにいるから、こういう原稿を書いてほしい。そういうふうに、編集者としての自分をさらけ出してしか、著者に対する自己紹介はできないわけです。だから手紙を書くと決めていたのです。

森崎さんや上野さんたちは、当時、全国的に言えばマイナーな書き手ではなかったんですが、『朝日ジャーナル』や『現代の眼』といった雑誌で、著者の色分けというか見取り図というか、チャートみたいな記事を載せるのが流行っていたのです。たしかイラストは赤瀬川原平でしたよね。

吉本さんには「自立派」というキーワードというか、レッテルがありました。森崎さんや上野さんは「辺境派」とか「土着派」というふうに言われていました。あまり高級なレッテルとはおもえませんね。森崎さんは谷川雁と一緒だ、意地悪くいえば、コピーだと見られていたけれども、ぼくは違うと思っていました。むしろ谷川雁の一番の弱点を総括し直して出てきた書き手だと思っていたから、ぼく自身の評価としては、森崎さんのほうが雁さんより高かったのです。

森崎さんは女性であることに対して、すごくこだわり続けた人です。ぼくには、彼女のなかの気に入っている言葉があって、ぼくもカミさんと生活をともにしながら、一緒に何かをやって行きたいという思いがありましたし、そのとき、対社会というのは消えてしまってもかまわない、という言い方ができると思うのですね。吉本さんのいう対幻想がそうですね。

でもそのとき森崎さんは、それはそうなんだけれども、「巣ごもりの愛」じゃだめだというのです。「巣」から出ていくものをなにかはらんでいないと、その愛はだめなんだと言うわけです。一人の女性をとおして女性全体をわかる、という道筋を求めるように。ぼくは、そうか、そうだなと感じたところがあって、自分は女性であることをどう言葉にしていけるか、それがなければだめなんだという、森崎さんの言葉はとても好きでした。当時、ボーボワールは「女は女に生まれるのではない、女になるのだ」という有名ないい方をしたんだけれど、それよりも凄いとぼくは思っていました。ボーボワールの『第二の性』に対し、彼女は『第三の性』（三一新書、一九六五）というタイトルの本を出しているのは何か象徴的ですよね。女性としての言葉を鍛えたい。じゃあ言葉に対して女性原理をどう打ちたてるか。森崎さんはそこを徹底してやってきたのだと思います。二十代の前半、ぼくはかなり影響を受けましたね。

森崎さんが東京に出てきたときに、吉本さんのところに行きましょうというので、当時千駄木に住んでいた吉本さんに連絡を入れ、訪ねていきます。電話で道順は聞いたのですが、メモをとらなかったので、家がよく分からなかった。だけど、はいここでタクシーを降りましょう、ここで角を曲がりましょう、こちらみたいですよと歩いて行ったら、本当に着いちゃったんです。道がよく分からなくても、ちゃんと着いちゃうという才能が、ぼくにはあるんですよ（笑）。森崎さんの家を二度目に訪ねたときもそうで、普通ならＪＲの中間駅からタクシーか徒歩で行くのがふつうなのだけど、茶目っ気をだしてわざと折尾駅で降り、筑豊電鉄に乗って筑豊中間という駅から歩いてみようと考えたことがあったんです。まったく知らない場所で、どちらにいけばいいか皆目分からなかったのですが、人に聞くのも癪なので、えい、こちらへ行ってみようと心に決め歩き出し、十数分ほど歩いたところで、中間ホルモンの看板が見えたときはほっとしたものです。

この中間ホルモンはかつての「サークル村」の面々がトンチャン（ホルモン焼きの九州での呼び名）と、焼酎で侃々諤々を闘わせた有名なホルモン料理屋で、一度上野さん、森崎さんに連れて行っていただいた場所でしたから。これ以来、どこへ行ってもちゃんと着くんだという自信があります。一度通ったところは忘れないというか、土地勘にはわりと自信があります。

森崎さんは、吉本さんに会って、当時『試行』に書いた原稿のこととか、自分の本のこととか谷川雁さんの話もしたと思います。七四年五月のことです。

森崎さんが後年、あとがきでぼくについて触れた言葉があります。出会いの時のことです。《私は戦後の歳月を、いつの日かわが原罪の地に立てる日本の女へと生き直したい、と、闇に迷う闇を裂く思いで書きつつくらしていた。或る日、初対面の小川哲生さんが訪ねて来た。泊った。一九七一（昭和四十六）年七月だった。彼は私が亡父の代理として慶州を訪れて「訪韓スケッチによせて」などと雑誌に記していたのに目を通していた。そしてその断片を『異族の原基』（大和書房）にまとめて刊行。以来、生身の皮を剝ぐような私の節目毎に、彼の世話になった。『奈落の神々――炭坑労働精神史』（大和書房）その他数冊。本書は彼が出版社を移る少し前に新潮社から刊行された書

である。》（『慶州は母の呼び声』洋泉社・新書MC版「あとがき」二〇〇六）
彼女は現在、八十六歳。まだまだ現役として頑張ってほしい。長生きしてほしい。

▼「小さな会社だからこそ、著者一番の仕事をもらいなさい」

ぼくが最初に吉本さんの本を出すのは、当初の予定より三年ほど長くかかったんだけれども、七八年、『戦後詩史論』です。(＊6) 次のような手紙を書いて、吉本さんに送りました。

拝啓
はじめてお手紙差し上げますご無礼お許し願います。

五月末に一度、森崎和江氏に同行いたしまして、お邪魔させていただきまして、その節はいろいろ貴重なお話をきかさせていただきまして、ありがとうございました。

この世でいちばん「グロ」で醜悪なものは〈大学教師〉で、そのつぎは〈出版業・編集業〉云々なる個所を吉本さんのご著書にみつけました折、内心ギクリとしたことがあります。

かつて、学生時代に、〈なぜ編集者なんかになるのか〉とある友人に詰問されたとき、〈好きだからさ、伊達得夫や岩淵五郎が編集者であった事実は、そう捨てたものではないぜ〉と、答えたことをいまも鮮明に記憶しております。

吉本さんが、岩淵五郎に対して書かれていた文章をその時読んでいたのでしょう。何も知らない人に対し何か、生意気なことを言ったなと、今でもときどき思い出します。

その人物について、漠然とした知識しか持ち合わせないにもかかわらず、尊敬してしまうといった人間がいるようです。また、その人が存在しているだけで、素晴らしいといった人間もまたいるようです。

私にとって、伊達得夫といった人物が、そのように見えたということは決定的なことです。その後、ある本の口絵で見たその風貌がますます好きになった理由であり、私には風貌によって人物を判断してしまう、自分ではそう傲慢とは思わない悪いクセがあります。人間は生まれながらに自分の顔にはどうも責任がありそうです。

それはそれとしても、こんないい人が編集者であったという事実への思い込みは、私にとって、やはり大きいように思われます。具体的には、『詩人たち――ユリイカ抄』を手にして、まったく裏切られなかったことが、尚、このことを確信させました。

谷川健一さんが私を評して、君は、いい意味でも悪い意味でも思い込みの強い人間だな、とおっしゃられた言葉はどうも正しいようです。そして私にとっての編集者像は〈思い込みの強い人間〉であることはまたア・プリオリです。

そんなとき、私は何らの衒《てら》いも気負いも、もちろん卑屈さもなく、〈本を作るのが好きです〉と言えそうです。

つい最近、伊達得夫の『詩人たち――ユリイカ抄』を読んでいたとき、偶然〝書肆ユリイカ出版総目録〟という記事の中に、『現代詩人全集』に、吉本さんが「戦後詩史」を書き下ろし分載していた個所を発見いたしまして、早速、図書館で当該個所のコピーを入手し遅まきながら感動しながら読ませていただきました。

そして、どうして、この「戦後詩史」という論考が全著作集にも収録されていないのかという一人の読者としての疑問が、どうしてもこれを出版したいという編集者としての願望に変わったとき、この稚拙なる筆をとった次第であります。

一つの本が、著者と読者との出会いの場をつくるものとするなら、編集者である私にとって、一つの本は疑いもなく自分にとって価値大であるという意味での不可視の読者が、見えてくるという一つの出会いがあることだと思われます。

吉本さんの、それもこの「戦後詩史」にとってのいい読者だとは、まったくもって言い切れる自信など持ち合わせておりませんが、ぜひとも公刊したいという意欲だけでもって、ずうずうしいとは存じますが、ぜひともご検討いただけますよう切にお願い申し上げます。

さまざまな条件等、多々ございましょうが、当方と致しましてもできる限りの努力を惜しむものではございません。誠に勝手な申し出とは思いますが、私どもの意向をお汲み取りいただきまして、お聞き願えますようお願い申し上げる次第です。

忌憚なき、ご批判、ご忠告などいただけますならば幸甚と存じます。

何も偉そうなことは言えない、いうなれば、ぶざまさはぶざまさのまま提出しておくというすがすがしい欠如をもって筆をおかさせていただきます。

敬具

一九七四・十・二

大和書房編集部
小川哲生 拝

吉本隆明様

勁草書房から『吉本隆明全著作集』の最初の巻が出るのが六八年。ぼくはそれ以前から吉本さんを読んでいたけれども、さっきも言ったように、前にさかのぼって行くという形で読みました。吉本さんと最初にお会いしたのは、個人的に会ったのではなく、学生のときにどこかのサークルが主催した早稲田大学の近くのお寺の畳の部屋で胡坐をかきながら聞くという講演会があり、そこに吉本さんの講演を聞きに行ったときです。友だちとサインをもらおうとか言っていたんだけれども、いま思えば、さすがに恥ずかしい。

吉本さんは当時は煙草を吸っていて、話の途中で、ちょっと失礼して、と言ってたばこを吸い始める。その吸い方が忙しくて、そんなところを真似する必要はないんだけれど、ぼくが煙草を吸い始めたとき、吉本さんの忙しい吸い方を真似ていました。なんでも真似をしてやろうと思っていましたから（笑）。ともあれ、そのとき、サインしてくださいと頼んで、『自立の思想的拠点』にサインをしてもらったんです。大学の二年の時です。

編集者は、最初に出した数点の本でその後どんな仕事をしていくか、ほぼ決まってしまうところがあるんです。そのときに〝売れる本〟を作った編集者は、最後まで売れる本を作ろうと頑張ると思います。それはそれで大変なんで、ぼくは〝売れる本〟をばかにする気は全くない。ただぼく自身は、有名人を追い続けるだけの編集者にはなりたくない。実績のある著者を狙えば安全パイで、失敗は少ないし、会社の覚えはめでたくなる。そういう傾向になりがちですが、こちらは二番煎じ、三番煎じは絶対にやりたくない、という気持ちが強くありました。

今思うと、一番うれしかったのは吉本さんに次のように言っていただいたことです。

「小川さん、大きい会社は宣伝力も営業力もあるから、そこそこの内容の本でも売れる。でも小さい会社では広告はできない。そしたら、小さい会社であればあるほど、その著者の一番いい仕事をもらわないといけない」

そう言ってくれたことです。小さい会社の編集者は、「先生の本が出せるのであれば、どんな原稿でもいいです」と、とにかく原稿をもらおうとするけれども、それは違うんだと言うのです。逆なんだと。自分にも会社にも力がない、だから頼れるものは原稿の出来具合のよさだけである。先生の一番いい原稿をいただいて、売るようにします、だから一番いい原稿をください。そう言わないといけない。そういう編集者になりなさい、と教えてもらったのです。はい、分かりました、と本当に素直に思いました。若いときに、吉本さんにそう言ってもらったというのは、ものすごく大きいですね。この言葉は、ぼくの一生の宝物としていたい言葉といっていいほどです。

編集者として、ぼくは、できるだけたくさんの著者の処女作を作りたい。書き手は「処女作に向かって成熟する」ということばがありますが、もしそうなら、みな自分が手がけた本に向かって成熟していくことになるわけですから、これは編集者冥利につきることになります。

けれど、毎回そういうことはできない。なぜなら処女作はその書き手にとって一生に一度きりの作品ですから。そうすると五冊書いてきた著者だったらそのうちのベスト3になるような本を、三十冊書いてきた著者であれば、その人のベスト10に入るような本を作る。それくらいの本を作れないかぎり編集者じゃない。全部で何点出したとか、何万部売れたとかという数の多さより、その著者のベスト5に入る本を何冊作れたか。それができたら編集者としてもって瞑すべしだろう、と思っています。ぼく自身が、結果的にどこまでできたかどうかは別としてね。

話が少し先に進んだきらいがありますが、吉本さんのところに行ったとき、自分はこういう本を作ってきましたと胸を張りたいんだけれども、なかなかできないわけです。遅々として進んでいなかったですし。

吉本さんは六〇年の安保闘争の後『試行』を創刊するのですが、安保闘争に全面的にコミットし、もう自分は書く場所から追い出される、だったら自分でその場所を確保するしかない。そう考えて、村上一郎さん、谷川雁さんと『試行』を創刊するわけですね。それから吉本さん単独の編集になっていく。『「反核」異論』（深夜叢書社、一九八二）のときもそうだし、すべて闘う、だれかと一緒に徒党を組んで集団を作るのは弱い、多数より少数、三人よりも二人、二人よりも一人の方がいちばん強い、といいますね。そのがんばり方は凄いわけです。だけど編集者は一人で闘うことはできません。著者に伴走するしかないのですね。

最初は「著者と編集者」といういい関係だったとしても、時間が経つにつれ、書き手によってはだんだん距離が出てくることがあります。吉本さんとの関係ではそんなことはまったくありませんでしたが、後年、ある著者から、そんなにえらそうなことを言うなら、お前が自分で書けばいいじゃないか、一度、書き手になってみろ、というようなことになって、険悪になったことがありました。それで、あるときぼくは開き直って、こう言ったのです。

「いいですか、ぼくが書き手になっても能力のない書き手が日本で一人増えるだけで、そんなことは日本にとって、面白くも何ともないことですよ。でもあなたにとっては、かけがえのない編集者が一人いなくなることなのですよ。どちらがいいと思いますか。かけがえのない編集者が一人いたほうが、はるかにいいじゃないですか」

馬鹿だね、おれも、と思いつつ、そういう理屈を考え出していままでやってきたわけです（笑）。

（＊6）『戦後詩史論』の「あとがき」では、なぜ筆が進まなかったか、その理由が率直に記されている。「このような均衡（詩はあくまでも詩であるという詩論と、詩の解説を並べた詩史論ではない詩論の均衡—引用者註）が成り立つ未知の点を求めてほとんど油汗を流すような思いをしながら「戦後詩の体験」とことに「修辞的な現在」とを書いた。「修辞的な現在」という論稿が辛うじて成り立ったときはじめてわたしは本書を出版してもいいという気になった。

この間小川哲生氏をはじめ大和書房の諸氏には多大な損失と忍耐力を強要することに、必然的になってしまった。悪意なぞこれっぽちもないのだがどうしても先へすすまない、じぶんでも不満な本をまとめるわけにはいかないというのがわたしの固執した論理であった」

編集者＝小川哲生の手になる吉本隆明の第一作目の著書は、このような難産の末に世に送り出されることとなった。

第二章

たった四枚の原稿が
優に一冊の本に匹敵すると実感するとき

▼渡辺京二氏との初めての仕事

前章を雑誌掲載時に読んでくれたある読者から、渡辺京二さんについてもう少し触れてほしいというリクエストがあったのでお応えしたいと思います。石牟礼道子さんに会うために一九七三年に熊本に行きまして、そこで渡辺さんにお会いしたのが最初です。最初は石牟礼さんの『流民の都』の打ち合わせで熊本に行き、そこで渡辺さんにお会いしたのです。渡辺さんは石牟礼さんの後見人という立場でお会いしたのでした。まだ滔天の話をするまでに至りませんでしたが、必ずご一緒に仕事をしたいという夢を持ちました。

渡辺さんも、ぼくの本の付録[＊1]に、七三年に初めて小川と会ったと書いていますね。その後、宮崎滔天の評伝を頼むために出かけていくことになります。最初渡辺さんは、北一輝の評伝を書きたいとおっしゃった。渡辺さんはその思いを暖めて、その後、朝日新聞社の評伝選シリーズの『北一輝』（一九七八年）に結実し、七九年に「第33回毎日出版文化賞」を受賞していることは記憶に新しい。当時、北一輝はブームで、ぼく自身は、ブームの人物で本を出して売れたとしてもちっともうれしくないなと思っていたので、ぜひ滔天でやりたいのですが、とお願いをしたのです。

渡辺さんは、次のように答えられた。ご自身の旧制五高時代からの友人・上村希美雄氏がずっと滔天の研究家としてやってきたけれども、彼はまだ本を出していない、そんなとき自分のほうが彼より先に本を出してしまってはまずいのではないかと思うので、少し考えさせてほしい。そう言われたのです。それであらためて熊本に訪ねて行ったわけです。

そのとき、熊本市内の店に行って晩御飯を食べようということになった。渡辺さんは、当時は生活的にはそれほど楽ではなかったはずなんですけれども、会社の出張で来たのですから勘定は私にさせてくださいと言っても決して許さず、熊本に来たのだから自分にすべて任せろとおっしゃってくださり、その通り、すっかりお世話になってしまったということがあります。ホテルはどこだと尋ねられたので、泊まるところをまだ決めていないと正直に言いましたら、だったら自分のところに来なさいと言われ、当時塾をやっていた、その教室に布団を敷いてもらい、泊めていただいたという信じられないこともありました。これは言うほど簡単なことではなく最大のもてなしでありま す。自分もその立場に立ったらこうでなければと肝に銘じた事柄です。

後になって返事がきました。書くのは自分自身であるから、友人云々は関係がないと思うので、滔天でやりましょう、と渡辺さんがおっしゃってくれました。そして仕事が始まるのですが、書き始めると渡辺さんは、こういう本が読みたい、こういう資料を探していると的確に言ってこられ、ぼくのほうはそれを国会図書館で探して、コピーをして送るということを続けました。いまではちょっと足腰が弱って簡単には考えられないのですが、そのときにはまるで苦にならなかったですね。

そして書き終えたところまでを送ってくれるわけですが、当時、それについて、ここがすごく面白い、と手紙を書いて送ったりして、何回か手紙のやりとりしたものです。それが自分にとっては大きな勉強になったことを今でもおぼえております。

滔天の本で比較的長いあとがきを書いてもらっているのですが、その一節にいかにも渡辺さんらしい、ぼくのすごく気に入ったところがあるので、『渡辺京二コレクション1　維新の夢』の解題（四九八ページ、ちくま学芸文庫）でも引用しているのですが、その件を読んでみます。
《ひとりの思想家、ひとりの文人にかぎりなく近づくことは、そこにテクストさえ存在していれば、〝研究家〟などでなくてもただの読者で十分に可能なのである。》
見ようとすれば誰の目にも見える明白な事実がある、自分はそれを書くと、こともなくおっしゃっています。見ようとすればということは、どう読みこんでいくかというその力がないと見えてこないということでもあります。その力強さに、ぼくは若い時から惹かれてきました。そういう人が書き手としていたら最高だろうなと思っていることを、その通りに言ってくれた、これはすごい人だとその一節を読んで、ますます渡辺さんの魅力に取りつかれたのです。ここは渡辺京二さんの書くことへの覚悟であり、書くこととはどういうことかということをよく表わしている。そういう一節ではないかと思います。
また「あとがき」にはこういうことも書いています。
《私がつねづね歴史学徒と称する人々の書くものに奇異な思いをそそられてならないのは、彼らがテクストは目を通せばすぐわかるもので、誰の目に対してもおなじ内容を語っているものだと信じているらしいことである。彼らはテクストをおそらく露頭している部分においてしか読まないのだろう。暗示とか含蓄とか反語とかというおよそ文章表現上の技法さえ思いおよばないのだから、これは検察官たちのようなもので言葉のはしをひろって主題が成ったつもりでいる。》
こういうことを言い切るところが、渡辺さんの最大の魅力ではないかと思いますね。テクストは読めば誰にでも分かるように書いていると考えがちであるが、そんなことはない。どう読みこむかということろで、力量の有無がはっきりと現われる。例えば滔天について調べるとき、滔天全集全六巻があれば何もいらないというところまで深く読みこんでいく。それを自信をもって言い切る。

——それが、渡辺さんの魅力なのではないでしょうか。ぼくはそう思います。

ぼくが好きな作家のひとりに吉村昭という人がいます。彼も資料を読みこむことと、とにかく取材を重ねて徹底的に人に会い調べていくというその点で、歴史を書くときの在り方として、渡辺京二という書き手とまさに対極におります。対極ではあるけれども、まったく異なることではなく、歴史をどう読みこむかというその一点においては、二人は同じではないか。極北は互いに通じる、そう思えるのです。

『評伝 宮崎滔天』を書いたのが一九七六年、渡辺さんが四十六歳のときです。四十代のときはまだ大衆的な人気をもつ書き手ではなかったのですが、そこから熱狂的なファンをつかんでいく。物を書くことと読みこむことの力強さをものすごくもっていて、それが読者に早く理解されるか、少し時間がかかるかの違いでしかなかったと思います。彼が多くの読者を持つようになるのは『逝きし世の面影』（初版は一九九八年、葦書房刊。現在、平凡社ライブラリーに収録）以降なのでしょうが、読者が惹かれるのはテクストを読みこんでいく力であったり、日本の歴史を外国人の目から見るというテクストの選び方であったり、歴史学徒、歴史小説家、歴史研究家というような人たちはたくさんいるんだけれども、渡辺さんに独自のものがあります。読者に訴えかける力は、そこにあるのではないでしょうか。

その渡辺さんに若いころに教えてもらったというのは、すごく有り難かったですね。ぼくの編集者生活はあまり恵まれたものではなかったのかもしれないし、他人からよく言われることもほとんどないのですが、ぼく自身は、そんなことはない、著者との出会いにおいてはすごく得をした男だ、という感じがいつもしていますね。

前にも少し触れたかもしれませんが、再度言っておきたいことがあります。

一編の短い文章が、その質と深さにおいて優に一冊の書物に匹敵することがあるということです。渡辺さんの場合、それは「小さき者の死」という文章でしたが、そのような文章に出会え、それが実感できたとき、編集者というものは幸福を感じるのです。そう、すごく感じるのです。編集者はそうした出会いを求めて著者にアプローチするものです。

このあと、渡辺さんとの仕事は少し途切れます。彼が、それまで書いてきたものを福岡の葦書房から『渡辺京二評論集成』(全四巻)としてまとめていく時期に入ったこと。ぼくのほうも、それまでのような企画が通らなくなっていくという社内事情があり、そして三十代に入って新たなテーマに取り組んでいくようになったこと。そういう両者の事情があって、七〇年代後半から八〇年代の時期は一読者として渡辺さんの仕事を追っていました。近年、その時期の渡辺さんの本が入手しにくくなり、ぜひ廉価で若い読者に読んで欲しいと思っていたのですが、今回、会社退職後に、ちくま学芸文庫から『渡辺京二コレクション』(全二巻『維新の夢』『民衆という幻像』)としてまとめることができ、「解題」を書くことができましたのは、ぼくが一緒に仕事ができなかった時期の作品が中心になっていて、いわば、長年の宿題をはたすことができたな、という気がしています。それと渡辺さんの現在入手が難しくなったものを「渡辺京二傑作選①②③④」として古巣の洋泉社から、それぞれ『日本近世の起源』『神風連とその時代』『なぜ人類史か』『ドストエフスキイの政治思想』の四冊にまとめて新書判のシリーズとして刊行したり、幻の処女作の『熊本県人』（言視舎、二〇一二）を復刊したりさせていただいております。

社員編集者生活の最後にださせていただいた本が『黒船前夜』（洋泉社、二〇一〇）です。これも長く記憶に残る本です。編集者生活の四十年の最後を飾るために出版の時期と辞める時期を勘案して、二〇一〇年三月に退社したのですが、その本のあとがきで渡辺さんは次のように書いてくださいました。

《付言すれば、むかし『評伝 宮崎滔天』を出してくれた小川哲生さんの編集者としての最後の仕事にこの本がなったことは、小川さんとともに感慨深いものがある。》

編集者冥利に尽きる言葉ですね。

そして、会社を辞めて九カ月後に「第37回大佛次郎賞」の受賞を朝日新聞の記事で知ったときの驚きと喜びは今でも忘れられないことです。

友人の元朝日新聞論説委員・河谷史夫は「小川がいたから洋泉社から出た渡辺京二著『黒船前夜』が大佛次郎賞を受賞したとき、小川はすでに洋泉社を去っていた。寿がれるべきは出版社ではない。著者と編集者であった」（河谷史夫「編集者小川哲生の一途さ」『編集者＝小川哲生の本』付録）と書いてくれた。身にしみる言葉である。

（＊1）『編集者＝小川哲生の本　わたしはこんな本を作ってきた』（言視舎）付録のこと。「同じフロント

で」と題された渡辺氏の文章の中に、こんな件が見られる。

「編集者には書き手にいろいろ口を出すタイプと、出さぬタイプとがあるが、小川さんは後者だと思った。書き上げた原稿が長すぎたので、五〇枚ほどだったか、削ってくれという注文はあったが、内容についても文章についても用語についても、何のチェックもクレームもない。私が書きおろしたままに受け取ってくれた。

その反面、読みたい資料・文献は、探し廻ってそろえてくれた。手間ひま惜しまぬ支援ぶりといってよい。だから本になるまで、癇癪が起きることがひとつもなかった。これは私としては珍しいことである。口を出すタイプの編集者と当たると、本になるまでが隠忍の日々となる。小川さんとはまったくそういうことがなく、私はしあわせであった。」

▼村上一郎、桶谷秀昭、磯田光一のことなど

吉本隆明さん、渡辺京二さんとくれば、やはり村上一郎さんの名前が出てきますね。ご存じのように村上さんは『試行』創刊同人の一人です。(*2) もう一人が、ご存じのように谷川雁さんですね。

昔、大和書房にぼくと同期で入り、現在は取締役副会長になっている南暁という男がいるのですが、彼は村上さんが好きで、村上さんが発行していた『無名鬼』の読者でした。短歌に対しても、ぼくよりも造詣の深い男です。同じ会社から二人の編集者が、同時に一人の著者に別々に依頼をして仕事をするなどというのは、少なくともぼくはすべきではないと思っていたので、だからぼくのほうが手を出してはいけないんだと考えていました。村上さんと仕事をしなかったのは、そういう事情です。

もう少し正直に言いますと、村上さんは「草莽」とか「魂魄」といった言葉を好んで使われますね。そうした言葉がぼくは苦手でした。右派的な心情というか情念というか、そういうものは嫌いではないですし、むしろ好きな傾向があります。渡辺京二さんの『維新の夢』にも、それに類した文章が入っていますが、渡辺さんの場合はロマン主義的ではないですね。村上さんは小説も書いていますが、基本的には〝うたびと〟で、古語や雅語といったものへの傾倒もあり、そのあたりがぼくにはちょっと苦手だったのです。

ただ、評伝シリーズについては、石原莞爾は外せないラインナップでしたし、石原について書いてもらうためには、日本の軍隊についての知識がないと書けません。それでさっきの同期の男に相談し、村上さんに石原莞爾の評伝を依頼してもいいかと尋ね、了承してもらったのです。石原莞爾は陸軍で村上さんは海軍ですから、海軍の軍人が陸軍を見ることになってなかなか難しいかもしれないけれども、当時、書き手で、なおかつ軍隊について知見をもっている人というのは限られています。これはいまでも変わらないことですが、日本の知識人には軍隊とか軍事史というとそれだけで毛嫌いしてしまう傾向がありますね。フランスにおけるエコール・ポリテクニークのような存在が日本においてもあればと考えますが、それはさておき村上さんは『日本軍隊論序説』(＊3)という著書を後になって出すように、軍隊が分かっていますし、思想家としての石原莞爾もとらえることができるし、短歌も分かる。

そうすると、やはり村上さんが適任だろうと思いました。しかしいくら仕事とはいえ、友人に抜け駆けはしたくない。企画の説明はこちらがするが、依頼には一緒に行ってほしい、ということになりました。ぼくは図々しい男だと思われているかもしれませんが、それくらいの慎みと気配りはもって仕事をしていたのですよ（笑）。

それから村上さんの盟友に、桶谷秀昭さんがいます。桶谷さんの初期の仕事に、『近代の奈落』（六八年四月、国文社）、『土着と情況』（六七年、南北社。六九年に国文社）などがあります。これはぼくが読み込んだ本で、とくに『近代の奈落』の透谷論がすごくよかった。そこでぼくは透谷の本を出しませんかと声をかけるんですが、お断りをされてしまったという経緯があります。桶谷さんが編集した透谷の一冊選集本があります。それは勝本清一郎編集の岩波版全集に拮抗するというか、それを凌駕するかたちで旺文社文庫に丸ごと一冊で編集されたのですが、その解説を桶谷さんが書いていました。八十枚から一〇〇枚くらいのもので、それはすごい力作でした。この仕事は、桶谷さんの単行本には当時は収録されていないので、それを中心にぜひ本に、ということでご自宅まで挨拶に伺ったのです。ところが、今たくさん仕事を抱え込んでいて、すぐには透谷にとりかかることはできないと言われたのです。はっきりはしませんが、その文章は単行本にはいまでも収録されていないのではないでしょうか。図書館ででも見られることをお薦めします。

そのとき桶谷さんと話したのですが、当時ほとんど知られていなかった、大矢正夫自徐《ママ》伝というものがあり、大矢は透谷の盟友関係にあった人です。大矢蒼海という名前を聞いたことがあるかもしれませんが、その人物です。透谷が自由民権運動に深入りし、三多摩のほうに入って行くときにはお互いが同志だったんですが、民権運動の敗退後、片方は壮士になり、片方は文学者になっていくわけです。その後、透谷は自殺しますが、若き透谷がなぜ自由民権運動に入って行くのか、大矢正夫の自叙伝はその貴重な資料ではないかということで、それを発掘して世に送り出したのが色川大吉さんです。それを出したいということで、色川さんのところに訪ねていってOKをもらうのですが、『大矢正夫自徐《ママ》伝』として色川さんの編・校訂・解説で出版するのが七九年です。ところが、北村透谷についての資料として決定的に重要なものだったかというと、大矢は透谷がなぜ自由民権に深入りしたかということについては、文学者の資質と政治に赴く資質の違いが、あまり触れられていなかったのです。ともあれその資料を、桶谷さんは未見だということだったので、本が刊行されたときにお届けしたように記憶しております。

そんなわけで、その頃の桶谷さんの仕事は好きでしたし、本を作りたいと思っていた書き手の一人でしたが、ところがだんだん広い場所に出るようになると、いわゆる〝保守思想家〟的な色あいが強くなって行きます。桶谷さんも、村上さんのような和語、雅語的な要素が出るようになって、ぼくとは距離が出てしまうのです。

それから村上一郎さんは〝武張った〟文章を書かれる書き手ですよね。そこも、ぼくにはちょっと苦手なところでした。渡辺京二さんや田川建三さんのような論争的〝喧嘩文〟とでもいいますか、喧嘩相手に切っ先をぐいぐい押しつけていくような文章とは違っています。右派的というところは問題視しませんが、武張っている情念的な文章は苦手でした。

それから吉本さんとの関連で言うなら、『試行』初期の執筆者だった磯田光一さんもやらないといけない書き手でした。磯田さんは『パトスの神話』（徳間書店、一九六八）とか『殉教の美学』（冬樹社、増補版一九六九）とか、三島論を書いていて、やはり右派的情念を出していました。基本的にはイギリス文学の、とくにロマン主義の専門家ではなかったでしょうか。ちょっと小うるさいといったら磯田さんに失礼ですが、吉本さん称する〝理解魔〟的なところがぼくには苦手なところでした。ただ晩年には、『鹿鳴館の系譜』（文藝春秋、一九八三、後に講談社文芸文庫、一九九一）や『思想としての東京』（国文社、一九七八、後に講談社文芸文庫、一九九〇）など伸びやかな作品を仕上げたことは評価しなければいけませんね。


（＊2）村上一郎の死に際して、吉本氏は次のような文章を書いている。

「村上一郎の突然の死は、わたしに悔恨を置いていった。かれはわたしが『試行』同人会の解散をもちかけたとき、黙ってすぐに承諾したが、ほんとうはその理由が判らなかったのではないかとおもう。わたしも説明しなかった。かれも不満をまったく呑み込んでしまった。「村上さんは、あのとき、立派だったわ」というのが、わたしの奥方の一貫した評価である。わたしはたぶん回想録のたぐいを生涯書くことはあるまいから、解散の理由を明らかにすることはないだろう。創刊前後の経緯についてもまた。」（「情況への発言（一九七五年六月）」、『「情況への発言」全集成Ⅰ』洋泉社・MC新書より）。

（＊3）論考「日本軍隊論序説」を中心とし、「戊辰戦争――宇都宮から箱館まで」「北越戦争と河合継之助」「河合継之助の国家観」「戊辰顚末」「山県有朋とその軍閥形成」よりなり、一九七三年、新人物往来社より刊行される。のちに『村上一郎著作集　第四巻思想論Ⅱ』（国文社、一九八一年六月）に収録。「日本軍隊論序説」は『明治維新の精神過程』（一九六八年、春秋社）に収録されていた論考であり、『著作集』所収の樋口覚氏の手になる解題に、成立の意図について、『明治維新の精神過程』後書より次のような文章が拾われている。

「反戦・平和を叫ぶ人は多い。口に叫ばずとも、それを心に願っている人びとは、さらに多い。これはまことに結構なことで、わたしもむろん賛成である。

ただ、つねに気になるのは、それら多くの人びとに、戦争とか軍隊というものが有《も》っている独特の論理や法則が、あまり知られていないらしいことである。わたしも別に軍事評論家や兵学者ではないので、何も詳しいことは判らない。ただ、旧軍なぞはナンセンスなものだとか、チャチなものにすぎなかったのだ、というようには考えられない。六〇年安保闘争前夜、反戦や反軍の立場をとる人びとに、その辺を再考してもらいたいと思い、故岩淵五郎氏と謀って書いたのが『日本軍隊論序説』である。」（p.654）

編集者・岩淵五郎については、前章で、吉本氏の文章も引用させていただいている。

▼あたらしい著者をどこで発掘するか

当時の『試行』の執筆者は、若い世代に移っていました。彼らが書き手として世に出ていくのはもう少し後になってからですが、その中でも優れた書き手には、いずれちゃんとあたってみようと考えていました。それから、ぼくが作った本を読んでくれていたひとですね。そのひとたちが書き手になったときには、有名であるか無名であるかにかかわらず、丁重に対応したと思っています。たとえば、ときどきぼくに原稿を送ってくる人がいますが、どうして送り先がぼくなんですか、と必ず尋ねるようにしていました。「じつはあなたの作った本の読者で、読んだ本はこれとこれとこれです。こうした本を作る編集者なら、自分の原稿を読んでもらえるのではないかと考えたからです」。ぼくはそれだけ聞くと、よし分かりました、一緒に仕事をしましょう、あなたが有名であるか無名であるかは関係がありません、あなたの書いたものだけで勝負ですよ、と伝えていました。

吉本さんは『試行』を発行することによって、若い書き手に発表の場を与えていくわけです。ぼくはそうした姿勢を共有しながら一緒に仕事をして行く編集者でありたい、と思っていたのです。吉本さんは、商業主義にどんどん出ていっていいんだ、大手の出版社から本を出した著者にたいして、あいつは堕落したとか絶対に言わない、商業主義ジャーナリズムは往きの道だけは保証するんだと、そうおっしゃっていましたね。(*4) ぼくもまったくそうだと思います。でも同人雑誌のなかでだれか一人が世に出ていくと、それまで一緒にやってきた連中からの、何とも言えない嫉妬心に囲まれますね。それはおかしい。ただぼくの場合は、大手から出して有名になった書き手に、後になって物欲しげな依頼はしない、それを自分の格率として守る、ということは決めていました。こっちが先に世に出した著者を大手がもっていってしまう、ということはしょっちゅうでしたが、最後までその逆はしなかったというのが、ぼくのひそかな誇りですね。もちろんこちらがもし望んでもあちらは応じてくれないということは確実にあるのですが（笑）。

話を戻すと、ぼくの場合は、当時は読む雑誌が決まっていました。まずは自立誌です。『試行』や北川透さんの『あんかるわ』に、個人が出している雑誌の広告が出ていたじゃないですか。仙台の佐藤通雅さんも『路上』を出していました。あの辺をこまめに読むなど、自立誌的な雑誌への目配りを怠らなかったわけです。無名の書き手ですから、いろいろな作品に対して、いいとは思うんだけどいまひとつ自信がないということがときどきあったわけです。そんなときは、吉本さんや菅谷規矩雄さんによく感想をお聞きしていました。おふたりの批評眼をぼくは大いに信頼していたし、とくに菅谷さんは聞きやすかったのです。

ぼくが三十代になると、同世代の書き手たちが出てくるんですが、すぐれた批評を二十代の前半から書ける人はなかなかいませんね。それなりの読書量が必要ですし、量だけではなく読み込んで自分のものにしていく時間も力量も必要ですから、やはり三十代になってからいい作品を書くようになるケースが多かったわけです。多くの著者が、二十代の頃はそれぞれ自分の雑誌をもったりして一種の〝修業時代〟を送り、三十代になって少しずつ出てくる。無料の原稿を書き続け、わずかなりとは言えお金をもらえるようになるまでは、どうしても十年くらいの歳月は必要とするわけです。『試行』や『あんかるわ』に集まってくる、そういう書き手たちをぼくはよく見ていました。

（＊4）「情況への発言（一九八五年七月）中休みの自己増殖」（『「情況への発言」全集成3』洋泉社MC新書）に、次のような吉本氏の文章がある。
「いいか、はっきり聴いておいてもらいたいよ、すくなくとも『試行』の読者にはな。おれたちは『試行』を直接購読者をあてにして出している。ただ原稿だし、ただ働きだ。けれど『試行』の寄稿者や購読者が、**その表現を認められて商業ジャーナリズムに舞台を得られたり、また舞台を移動したりすることを、歓迎こそすれ、堕落したとか、駄目になったとかいって足をひっぱったり陰口をきいたりすることは絶対にない。それは資本主義の制度や文化の在り方は、あらゆる文化分野の表現する行為を、物心両面から援けるものだ、という確乎とした文化理念に基づいている。**そして文化（文学、芸術、その他の分野）に**左翼性という概念**が成り立つとしたら、**帰り道（還相）**という概念が文化（文学、芸術、その他の分野）には存在することを認知する過程においてだけだ。そしてこの帰り道（還相）という文化概念のなかで、はじめて資本主義の文化様式を超えるという問題があらわれるし、またこの帰り道（還相）ではじめて、資本主義の制度や文化様式の在り方は、個々の表現する人を援けてはくれない。ばあいにより資本主義から足を引っ張られるかもしれないという問題が現われるとかんがえる。おれたちの文化理念は、日本の左翼文化

運動の系譜とまるで考え方がちがう。もちろんおれたちのほうが正論にきまっているさ。」（p.102〜103太字は原文）

この文章は、スターリン主義者の文化理念に対する批判という文脈で書かれたもので、「情況への発言」においてはなじみ深い「主・客」の掛け合いの、「客」の発言として記載されている。吉本氏のこの文化理念は、いわゆる自立誌にあっては共有されていたはずであり、手前味噌ながら当方が編集発行する『飢餓陣営』においても同様である。

▼よき助言者としての菅谷規矩雄

菅谷規矩雄さんの話をもう少ししましょうか。菅谷さんの仕事のなかでは、ぼくは『詩的リズム——音数律に関するノート』（七五年）が好きです。それからやはり、『宮沢賢治序説』（八〇年）です。この仕事は、ぼくにとって大きな意味があります。お互いに一度遭ってみないかということになって、菅谷さんがある会に呼ばれるというので、(*5) そこにぼくも出かけます。このとき菅谷さんを招くのが小浜逸郎さんですが、そこで小浜さんと知り合いになります。そのあとぼくは渋谷で具体的な仕事の話で小浜さんと会うことになるのですが、これはもう少し後の話です。

菅谷さんは村瀬学さんとの関係においても、ぼくに直接ではないですが、橋渡し的な役をしてくれたのです。ぼくは菅谷さんに「『あんかるわ』でこういうものを書いている人がいます、ぼくはこの人はすごいと思んですが、菅谷さんはどう思いますか」って聞いたのです。(*6) すると、「あの人は、すごくいい。感度が抜群にいい」と、菅谷さんは即答してくれました。「今までの書き手とは、まったく違う感性があるでしょう」と言われるので「そうそう、ぼくもそう思います」と意見が一致したのです。まったく我が意を得た、という思いでした。村瀬さんの場合、哲学の概念を規定し直し、それを普通のことばでどう展開できるか。そんなふうにして仕事を進めていきます。これはなかなかのものだね、と思いました。おそらくあの文体は、村瀬さんが障害を持つ子どもたちの通園施設に勤務し、お母さんたちとの深い交流があったということがかかわっているような気がします。お母さん方に直接話しかける文章を書いていましたから。ぼくが思うに、村瀬さんご自身は口にはしませんが、吉本さんの言う〝大衆の原像〟を相手として具体的に文体にしてきたという気がするのです。

そう考えると、改めて吉本隆明という思想家がいかに多面体であるか、と痛感します。その多面性の一つ一つを、当時の、ぼくと同世代の三十代の書きたちが、おれは『心的現象論』をこう読む、おれは『共同幻想論』をこう読む、あるいはおれは『言語にとって美とはなにか』にこう攻め込んでいく。そして、そこから自分の世界を作り上げていく。吉本さんに影響を受けたと自他が認める書き手たちをトータルすれば、ひとりの〈吉本隆明〉になるといってもいいんじゃないか。改めてそんなことを感じますね。この指摘は、同世代の書き手たちにも決して失礼には当たらないはずですよ。

逆に言えば、ぼくは編集者なんだけれども、そういう鍛え方を、ぼく自身でもしてきたということになります。つまり吉本さんをはじめとして、菅谷さんにしても渡辺京二さんにしても、年長の世代の書き手たちに学ぶことは重要なことですが、しかしそれだけではいけない、教えてもらったことを、次のひとたちと仕事をするときにどう生かしていくか。一冊の本を通して、どうテーマを広げ、新しい書き手たちとの関係を広げていくか。そういう勝負になっていくわけです。

一冊の本は一冊の本でしかないんですが、それが広がっていく。編集者は〝芋づる式〟という言い方はしないでしょうが、一冊の本が次のテーマと次の書き手を呼び、またそこから広がり、というふうに展開していく。吉本さんがいて、渡辺京二さんがいて、菅谷さんがいて、竹内好さんがいて、そしてあとから見てみると、そこにある見取り図のようなものが見えてくる。著者も、そうですよね。吉本さんの一冊の本を起点にしながら、自分の世界をどう深め、広げていくか。自分なりの地図ができているはずなのです。

だからぼくは若いころから、新しい著者と仕事をするときには、一番影響を受けたと思う著者は誰ですかという問いを、最初に出していました。ぼくが影響を受け、目配りを怠らなかったのは自立誌だ、ということはお話しましたが、何を読んでいるかを聞けば、そのひとが自立誌やそこでの執筆者たちにどんな感度をもっているか、おおよそのところがつかめるわけです。

(＊5) 菅谷氏が招かれ、著者も参加したという会は、小浜逸郎発行の『ておりあ』四号(一九八五年一月発行)に、「シンポジウム　関係としての言語」として掲載されている。そこで菅谷氏は「『いる』こと・『いない』こと」というテーマで報告をした(他には小浜氏の「発語の根拠と言語流通の諸相」、故・小阪修平氏の「表現意識と現実意識のずれ」と題された報告が掲載されている)。ちなみに菅谷氏の発言の中核と思われる部分を、『ておりあ』から引用させていただく。(p.26～p.27)

「ぼくは外国語の専門家になりそこなった人間で、せめて日本語の専門家にはある程度なってみたい。じや、どこから日本語へ引き返してくることができるかを考えてきたわけです。ひとつは日本語のリズムということを言った時期があります。それから日本語の音韻というものをちゃんと明らかにしてみなければならない。それは西洋の理論ではダメなんだと言ってみたいんですが、それはこれからやろうとしています。もうひとつは、日本語の論理っていうものをどこでとらえたら、日本語の古代から現在に至るまでの歴史性と、社会のどの層にも通じうる深さと拡がりを持ちうるか。つまりだれにでもわかることばで最も高度なことを言おうとしたら、どこに着目すればそれが言えるのか。そういうことをどこから考えたかというと、『存在と時間』を読んでいてわかるんですが、ハイデガーっていうのはドイツ語の達人なわけですね。そういう感じがするんです。われわれが外国語を習うときに、ドイツ語ならば ich bin とか du bist とか er ist とかいうふうにまず習う。ドイツ語なら sein 英語なら be 動詞の変化、『存在と時間』だって、実はそれだけを言っているのであって、まったく基本的なところにいるんだというふうに言えなくもない。じゃ、日本語でそういうことができるか――翻訳することじゃなくて――ハイデガーが言っていることを日本語で考えることはできるんだろうか、というところに引き返してくるわけです。そのとき気がついたのは、抽象的な概念でいえば「存在」あるいは「存在する」ということを、日本語では「ある」と「いる」ということばで言い分けることなんですね。そして存在を人間について考えれば、「ある」じゃなくて「いる」に帰着せざるをえないことに気がついてきました。つまり、「ある」と「いる」とをある厳密さで区分けして、「いる」っていうことがどれだけの拡がりと抽象性に耐える論理の基礎になるだろうかと考えはじめたわけです。」

ここで言われている音韻に関する菅谷氏の論考は、『あんかるわ』73号（1985・9・20）に、「ことばとメーロス――詩の音韻に関する考察」として連載され始めるが、菅谷氏は一九八九年十二月三十日に、突然、死去。同82号（90・4・20）に、その「Ⅵ」が遺稿として掲載され、死後、思潮社より刊行された『詩とメーロス』に収められた（なお、『死をめぐるトリロジイ』も同時刊行されている）。

（＊6）やがて『初期心的現象の世界――理解のおくれの本質を考える』として結実していく論稿が、『あんかるわ』に続々と書かれていく。「自閉症児は存在するか」（No.40、75・3・1）を始まりとして、「二重姿勢論ノート①」（No.41、75・10・1）、「同②」（No.42）、と続き、「心的硬化の理解――ちえおくれの心的現象を考える（1）」（『同』No.48、77・5・16）から「自閉症論批判（下）――ちえおくれの心的現象を考える（9）」（No.61、81・5・1）まで、村瀬ワールドが描かれていく。『あんかるわ』は基本的には詩誌である。先行する仕事として吉本隆明氏の『心的現象論』があったとはいえ、発達心理学と精神医学と哲学と、そして言語学とを越境するような、こうした村瀬氏の仕事に発表の場を開いた北川透氏、見逃さずに高い評価を与えて助言した菅谷氏。自立誌ならではのこととはいえ、両氏の慧眼、多方面の領域にまたがってなされる仕事を受容し、咀嚼する思想的度量の深さ、広さを改めて思う。

▼民俗学・民衆史学のライン

七〇年代のもう一つのぼくの重要な仕事に、強い関心をもっていた民衆史や、民俗学、歴史学を主題とした本の出版に、力を入れて取り組んでいくという流れがあります。

そのひとつが、色川大吉さんが提唱した民衆史――「底辺の視座」――への興味です。いまはない黄河書房から出ていた黄色い箱入りの『明治精神史』（黄河書房、増補版一九六八）は、当時、絶版で古本屋での価格が四〇〇〇円以上もしていました。当時の四〇〇〇円は破格の値段で、欲しくてたまらない本でしたが、なかなか手に入らなかった。後に刊行される『新編明治精神史』（中央公論社、一九七三）とは別物で、現在は、講談社の学術文庫に入っています。森崎和江さんの書き下ろし六三〇枚の『奈落の神々』（一九七四年四月初版大和書房、現在平凡社ライブラリー）の書評を色川さんがしてくれたので、これ幸いと、お礼状を兼ねた執筆依頼を出したのが色川さんとの付き合いのはじめです。

この依頼は、すでに別の会社（透谷のほうは岩波書店、もういっぽうは筑摩書房から刊行予定）での刊行が決まっており、うまくいきませんでしたが、ご返事をいただき、その後、『歴史の方法』（大和書房、一九七七）や大部の『三多摩自由民権資料集』（大和書房、一九七九）などを刊行しますが、それはまだ先の話です。そのときのぼくの手紙に対する色川さんのご返事の書き出しが「長文のお手紙ご苦労さんでした」というものでした（笑）。

恥ずかしながら、ご参考までにぼくの手紙を掲げておきましょう。

拝啓
先日は小社刊行の森崎和江著『奈落の神々』に対しまして、ご丁寧な書評をしていただきまして大変ありがとうございました。遅ればせながらお礼申し上げます。
小林秀雄流に言えば、人はあらゆるものになれたはずだが、彼は彼以外のものになれなかったという事実は、今更ながら驚きであります。そして、人の生きざま、死にざまといったものにいったん目をむけたならば、その人間存在をまるごと見てみたい、ある意味では時代精神とのかかわり合いのなかで出てくる人間の貌といったもの、つまり〈伝記〉といったものに向くのは人間不可避的なことではないかと考えられます。
まして、《ある民族の気質をもっとも純粋に象徴するような人物、そういう人間がある時代に必ず出現して、それによってその国民の特性が直観的にわかるようなそういう人間》（橋川文三氏の言葉）に出会い、対決＝対象化できればなおのこと、不可避的なことではないでしょうか。

　しかも先生のいうように、いわゆる偉大な人間にのみ対象化を集中させてきた従来の研究は確実に先生の研究によって、その欠点を指摘されてきたことは申すまでもありません。まさしく《歴史の変革期、過渡期には、つねに多くの進みうべき可能性がある。そのさまざまな可能性の探求の中に、実現の陽の目をみずに、不幸に埋もれてしまった膨大な人間の努力の堆積をみとめたい》ことに他ならないのでしょう。

　たとえば、北村透谷について――

　この国の資本主義が原始蓄積を強行するその時代にすでに秩序への上昇志向は獄吏への道にしかすぎぬものとして、拒絶しようとした北村透谷の姿にこそ、かつて江藤淳が『漱石とその時代』で描いた日清戦争後、資本制を極度に発展させていく過程をある種の共感をもって進めていく筆にわたしが感じた違和感――それは自由民権運動も、それを契機とした透谷の苦悩と透谷が絶句してかかえこんだまま斃れた問題も捨象した歴史意識にではありますが――とは違った時代精神があると思われるからです。

〈情況は情況をとらえる者の場において情況となる〉とするなら、わたしどもは、如何ようにその対象と対峙できるか？

　近代がはじめから内包した反近代の情念は〈狂するか、白痴になるか〉とまで言わざるを得なかった彼・透谷には、この時代を牢獄と感じたものにこそ、この国の近代のもつ情況の奈落＝負性としての近代があったと私には感じられます。それはドストエフスキーが、イワン・カラマゾフをして、〈発狂するか、自殺するか〉といわしめたところに近代的自我の限界を提示したと私が感じる視点と同じと言っていいものがあると思われます。

他でもなく、このようなまとまりのつかないお手紙をさしあげましたのは、当代髄一の透谷研究家であらせられる先生にぜひとも「北村透谷」の評伝をお願い致したいと思い筆をとった次第であります。

現在、わたしどもでは評伝シリーズとして次のようなものを考えております。

「中江丑吉」「柳田国男」「折口信夫」「南方熊楠」「北村透谷」「宮崎滔天」「高群逸枝」「謝花昇」「北一輝」「内田良平」etc

ここに挙げました人物は、その生きざま、死にざまにおいて何人にもまして興味をそそる人物であり、現代的テーマを担うにたる人物ではないかと考えられます。

クリアすべきさまざまな条件等多々ございましょうが、当方といたしても、最大の努力を惜しむものではございません。以下のものぜひともご検討くださいますようお願い申し上げる次第であります。

①評伝北村透谷（四〇〇字詰原稿用紙四〇〇～五〇〇枚）

②前に出版されまして、現在品切れとなっております『明治人』の増補改訂化の方向での復刊

二つもしくはいずれか一方について誠に勝手なお願いではございますが、わたしどもの意向をお汲み取りいただきまして、ぜひともご配慮のほど切にお願い申し上げます。

何卒よろしく忌憚なきご批判、ご忠告いただけますならば幸甚に存じます。

最後に、先生のなおいっそうのご活躍を祈念して筆をおかさせていただきます。

敬具

一九七四年六月三日

大和書房編集部
小川哲生　拝

色川大吉先生

色川さんとの仕事は『歴史の方法』が七七年、八〇年に『流転の民権家――村野常衛門伝』、八一年には『書物という鏡』『矩形の銃眼――民衆史の視角』の二冊を出すことになります。そして洋泉社時代には『定本 歴史の方法』（洋泉社・新書MC、二〇〇六）として改訂版を作ることになります。

▼評伝シリーズの挫折

また村上信彦さんや谷川健一さん、宮田登さんの本を作っていく、という流れもあります。当時、谷川さんがPR雑誌『春秋』に書いた三回連載の「成熟のひとしずく」というエッセイと『沖縄――辺境の時間と空間』（三一書房、一九七〇）は感心して読みました。百合丘のご自宅にも何度かお邪魔したのですが、最近になって（二〇一一年四月）三十年ぶりにお電話を差し上げたところ、即座にぼくのことを思い出してくださいました。九十歳にならんとする年齢ですが、フットワークの軽さと若い感性には驚くばかりです。谷川さんとは『原風土の相貌』（大和書房、一九七四）、『古代史ノオト』(大和書房、一九七五)を作っています。

そして、現在は大和書房で刊行中の谷川健一・大和岩雄＝責任編集『民衆史の遺産』全15巻別巻1の編集手伝い・解題執筆というかたちでお世話になっております。

宮田さんとは『原初的思考——白のフォークロア』(大和書房、一九七四、その後タイトルとサブタイトルを入れ替えて平凡社ライブラリーに収録)を出しましたが、『評伝 柳田国男』は、ついに完成することはありませんでした。宮田さんが六十四歳という年齢で亡くなられたのは、かえすがえす残念というしかありません。

村上信彦さんは、当時の大和書房の大和岩雄社長と知り合いでした。『高群逸枝雑誌』という雑誌があり、高群さんの旦那さんだった橋本憲三という人が出していた雑誌です。[*7] そこに連載原稿があり、そのなかに、石牟礼道子さんが書かれていた高群逸枝の評伝で、たしか『最後の人』というタイトルだったと思いますが(二〇一二年十月に『最後の人・詩人高群逸枝』というタイトルで藤原書店から刊行された)、その連載と、村上さんの婚制についての原稿が掲載されていました。村上さんのその原稿をぼくは『高群逸枝と柳田国男——婚制の問題を中心に』(大和書房、一九七七)という本にするんですが、柳田国男は招婿婚(制度としての婿入り婚)はない、婚制ではなく単なる婿入りにすぎないと言っているのに対して、村上さんは招婿婚があったことを、高群逸枝の膨大な研究とその成果を踏まえて女性史の立場から問うていくのです。柳田・高群二人の差異に能う限り接近しながら、民俗学と従来史学の思想の根拠を問うというもので、挑戦的な問題提起の書ともいうべきものでした。

あるとき、その村上さんが会社に来ていて、ぼくは原稿を読んでいたので、お前も同席せよということで、たまたまその話になったとき、社長から、じゃあそれをやればいいじゃないか、と言われたのです。ハイ、読んでいるので私がやりますと答えた。村上さんは、当時、理論社から『明治女性史』（上・中前・中後・下 理論社、一九六九〜七二、のち講談社文庫）という膨大な本を出していました。その流れで村上さんの本を作ったのです。この村上信彦さんは明治の流行作家・村上浪六のご子息であり、浅沼稲次郎を刺殺した山口二矢の叔父さんに当たる人でもあります。

それはともあれ、結果的に一九七七年に「第31回毎日出版文化賞」を受賞するのですけども、日本では当時、柳田国男のブームだったのです。そのさなかの、婚制をテーマにした柳田批判の本だった。柳田は、婚制としては変わらない、婿入り婚というのはあるかもしれないけれど招婿婚とは違う、という立場です。村上さんは、いや招請婚はあった、柳田がそこを見ようとしないのはどうしてなのか。なにか意図があるのか。そのことを思想のテーマとして論じていく、というスタンスだったわけです。ぼくも村上さんと同じ考えだという思いで本を作り、賞をもらってそれなりに売れたのですが、当時の思想界というか論壇というか、そういうところでは特別大きな話題にならずに終わってしまいました。なぜだろうと思うんだけど、やはり柳田国男の影響力は想像以上に強かったといいますか、まわりが遠慮してしまったのでしょうね。その後、文庫化されたという話も聞きません。文庫本担当者は、そもそもこの本の存在に気づいていないかもしれませんね。文庫の担当者なら、手に入らなくなった名著の復刊に力を注ぐべきなのに、ベストセラーの廉価版としてしか考えていないようで、残念でなりません。またいつものボヤキですね。

つい脱線しましたが、理論社版の『高群逸枝全集』全10巻（理論社、一九六五〜一九六七）を買って読みだすのは、そのときからです。全集を読んで面白かったのは、高群の婚制史（『招婿婚の研究』）や女性の歴史（『母系制の研究』『女性の歴史』）や自伝である『火の国の女の日記』といったテーマの本よりも、「黒い女」という、逸枝がアナーキズム時代に書いた小説集があって、とてもよかったことです。アナボル論争(*8)の時代のもので、その後「森の家」に引きこもり、独力で（夫・橋本憲三の妻への献身を「内助の功」と命名したのは、瀬戸内寂聴である）あの膨大な女性史の研究に向かって行った逸枝とはまったく違っていて、ぼくはすごく評価をしているんですけれど、その小説に対して、いいよと言っている意見を聞いたことがないのです。ぼく自身が説得力ある言葉で語れるようになるといいんですが、なかなかできない。残念ながら読んでいないという人が多いので、ぜひ一読をお薦めしたいですね。

それからもう一人、今は亡くなった、児童文学者であり、鶴見俊輔さんが高く評価していた柴田道子さんという方がおりました。七二年に『被差別部落の伝承と生活——古老聞き書き』（三一書房という本を出したのです。これは朝日新聞の書評で取り上げられ、よく売れた本でした。その柴田さんに手紙を書き、その結果知り合いになり、評伝で高群逸枝をやりましょう、と依頼をしたのです。

先ほどの手紙にあったように、その時期ぼくは評伝シリーズをやっていたのですが、その第一巻目が、驚くなかれ、渡辺京二さんの『評伝 宮崎滔天』でした。渡辺さんの本を出したいがためにこのシリーズを作った、といってもいいくらいの思いがあるのですが、ともあれ、二回目が滝沢誠の

『評伝 内田良平』、三回目が松本健一の『評伝 北一輝』です（いずれも七六年）。そして高群逸枝が柴田道子という予定だったのです。柴田さんとは熊本県の松橋・払川や水俣など高群逸枝ゆかりの地の取材旅行に同行し、その取材の成果は先ほどの『高群逸枝雑誌』に連載され、本格的に書き下ろしに取り掛かる寸前におしくも持病のぜんそくのため四十一歳の若さで亡くなられ、実現に至らなかったのです。せめてあと二、三年存命だったらと思わざるをえません。その雑誌に連載された「逸枝さんへ」という文章は、彼女の死後、朝日新聞社から刊行された『ひとすじの光』（一九七六年）に収録されています。そこには若き日のぼくがオッチョコチョイで滑稽な形で登場する場面がありますので、お暇と関心のある向きはどうぞ読んでみてください。彼女は、声がすごく素敵で、ぼくは彼女をひそかに「絶世の声美人」と名付けていました。

この評伝シリーズは、結局、三冊出しただけに終わりました。錚々たるメンバーをつかんだのに、しばらくすると、だれも書かなくなってしまったのです。ちなみに打ち明けますと、山口昌男さんが南方熊楠、宮田登さんが柳田国男、谷川健一さんが折口信夫、新川明さんが謝花昇、末松太平さんが石原莞爾、阪谷芳直さんが中江丑吉、尾崎秀樹さんが尾崎秀実、という、なかなかの顔ぶれで、これがうまくいっていれば、そうとうすごいものになったと思っているんですけれどね。朝日新聞社からも「朝日評伝選シリーズ」が出るんだけど、ぼくが始めたのはそれよりも一年以上前だったのですが、なにせ小出版の若輩編集者がひとりで書き下ろし十五点を企画し、執筆依頼を書き、まがりなりにも著者の了解を得たものの実現したのは三冊のみ。自分の実力を思い知ったいい経験でした。

（＊7）「橋本憲三氏を偲ぶ」と題された追悼文が、渡辺京二氏の『隠れた小径』（渡辺京二評論集清Ⅳ、葦書房）に収録されている。短文ではあるが、大変に興味深いものである。ちくま学芸文庫の渡辺京二コレクションには未収録のこともあり、その一節を慎んで引用させていただく（初出は『読売新聞』七六年八月十八日）。書きだしから。

「さきごろ亡くなられた橋本憲三氏は、七十九歳であられたから、まずは天寿というべきだろう。『高群逸枝全集』十巻を編集し、さらに隠棲の地水俣から営々と「高群逸枝雑誌」を出し続けて、今日の逸枝ブームの基礎をきずかれたのであってみれば、心残りのない生涯であったと申してさしつかえあるまい」（p.358）

そして以下に、渡辺氏の本領が発揮される。

「氏の生涯については、これを男の自己犠牲ないし妻への献身とするような受けとりかたもあるらしいが、とんでもない話だと思う。一部にはよく知られている事実であるが、橋本氏は大正・昭和期の出版史に名を残す編集者のひとりであった。編集者はライターを通すしか自己表現の方法をもたない。氏は妻のうちに自己表現の通路たりうる天分を見いだして、その専属の編集者となった。すなわちそれは氏の現実とあいわたる方法でもあったのである。

ほんとうにすぐれた編集者とは己を空しくするものである。世間は往々にして氏のこの編集者としての態度を、単なる妻への献身と見誤った。だが氏には、いったんライターの本質を見抜いたと信じた以上、世間のいかなる評判にもまどわず、その本質と信じるところにのみ賭ける編集者特有の本能があった。氏が逸枝女史のアナーキスト時代の論文を全集から除いたのは、それが彼女の本質と合致しないと信じたからで、つまり逸枝とは、氏にとってわが生涯の会心の作品にほかならなかった。私にいわせれば、氏は自分の反世俗的な志向を、逸枝の〝彼岸的〟な天分によって表現しようとしたのである」（p.359）

渡辺氏はみずからも『熊本風土記』を編集発行しており、編集者としての眼をもっておられたことがよく分かる。また、石牟礼道子氏の『苦海浄土』の原型となる原稿を同誌においてサポートし続け、以来、半世紀近く石牟礼氏と行動を共にしてきた渡辺氏ならではの洞察である。いや、僭越ながら、ほとんど自画像を描きつけられたようにさえ思われる。

（＊8）大正時代のアナルコ・サンディカリズム（すべての政治権力を排除し、労働組合の指導による社会を目指す思想・運動）とボリシェヴィズム（ロシア社会民主労働党内に生まれたレーニンの一派。転じて「過激派」とも訳された）との論争。（以上、広辞苑の記述を組み合わせて作成した）

▼竹内好と果たせなかった仕事、そして二十代編集者の終焉

ぼくの二十代の編集者生活のうちで、けっして忘れてはならない方がいます。強い影響を受けながら、とうとう一冊の本も出せなかった人です。

その方とは都合二回お会いし、手紙を六通ほど出しています。お会いした一回目の時は、当時どうしても入手することができずにいた、私家版の『兆民を継ぐもの』をいただきました。この私家版は阪谷芳直（＊9）さんが編集し、日本輸出入銀行ワシントン初代駐在員に赴任する際の支度金をすべて提供し、後事を友人だった村上一郎氏に託してなった本です。阪谷さんから聞いたところによりますと限定二五〇部だったということです。

その人の名は竹内好。あの中国文学の重鎮です。目利きの読者ならば、ぼくが企画した評伝シリーズで取り上げた人物の名前を見れば、この企画は竹内好さんの影響を受けたに違いない、と即座にわかるのではないでしょうか。

竹内さんはそんな貴重な本（136という番号がナンバリングされております）をぼくのような若造

におしげもなく与えてくださったものですから、嬉しさたるや格別のものです。この私家版は中江丑吉に関しての基本中の基本の書でもあります。この書がなければ、丑吉の存在は、世に知られることがなかったと思います。第一回目の手紙は、その中江丑吉に関しての評伝をお願いすべくだしたものですが、お返事はその仕事は引き受けられないが、一度代々木の「中国の会」の事務所に遊びにいらっしゃいといわれ、伺った際に本をいただいたものです。

なぜ竹内さんに手紙をさし上げたかといえば、次のような文章を読んでいたからです。この人なら中江丑吉について書いてくれるのではと考えたのです。参考のためにその一節を引用しておきましょう。

《かれのめざしたものは、あくまでかれ自身の体系であり、その不可能を知りつつそれに挑んだ。そこで、このような独創家は、俗人からは夢想家に見え、かれ自身は、思想上のデモクラートと学問生活における価値観上のアリストクラートが対立することになる。このような悲劇的な人格は、やはり近代日本の後進性がうんだ悲劇の反映であるだろう。私は、機会があったら、この点から中江丑吉を研究したいと思っている。かれは、北一輝とならんで私には興味のそそる第一流の人物である。》（竹内好「『中国古代政治思想』——真理追求の人間的情熱」『中江丑吉の人間像』所収）

ぼくの数限りない失敗のひとつに手紙の「誤記」事件というのがありますが、それは、じつは竹内さんに差し上げた二通目の手紙なのです。本来なら、「墜落」と書くべきところを「堕落」と書いてしまったのです。竹内さんは、怒って、手紙に校正の赤字を入れて返送してきました。そのときの自分の恥ずかしさ、情けなさは、今考えても顔が赤らむ限りです。即座にお詫びの手紙を差し上げたのは申すまでもありません。ちなみに「堕落」と誤記した手紙を、資料として掲載しておきましょう（さすがに「墜落」と直しております）。

拝啓

ご無沙汰いたしておりまして誠に申し訳ありません。

以前、中国の会で、「中江丑吉」に関しての種々アドヴァイスをいただき、そのうえ貴重な『兆民を継ぐもの』をいただき、そのお礼を現在に至るまで欠かせた非礼をお詫び申し上げます。「評伝中江丑吉」はその後、判沢弘氏（注・当時は引き受けていただいたが、結果的に書けないということで、阪谷芳直さんに引き受けていただくことになる）に執筆していただくことになりまして、それがもう少し具体化した段階で、お礼かたがたご報告申し上げようと思い、つい長い時間が経過してしまいましたことに、誠に恥じ入っている次第です。

当社の評伝シリーズは、遅々として進まず、未だ脱稿のものがないといったありさまですが朝日新聞から「朝日評伝選」の刊行が予定されており、若干、焦っている次第です。ですから当社の企画は的を〈近代〉にしぼり、マイノリティに照準を合わせる覚悟でありますので、売れ行き的には問題が残りますが、そう心配はいらないなどと自分をなぐさめているのが現状です。

先生とお会いして後に、この「中江丑吉」のほか、「内田良平」（滝沢誠氏）、「石原莞爾」（村上一郎氏）、「柳田国男」（宮田登氏）が決定しております。

これ以降は、折口信夫、南方熊楠、狩野亨吉、尾崎秀実、北一輝なども取り上げられればいいな、などと考えている次第であります。ご批判、ご忠告いただければ幸甚と存じます。

さて、話は変わりますが、先生の新著『転形期』興味をもって興奮しながら読ませていただきました。特に『アジア主義』を編集していく際の記述などは、非常に感動的で、鶴見俊輔氏の述べるごとく《竹内好という、明治以後の日本の稀有の思想家の理論づくりを理解するための、かけがえのない手がかりをあたえる》ものだと私にすら考えさせるものです。

「墜落の記」を読んでおりまして、編集者である私には見逃せない個所がございます。それは10ページにあります次の記述であります。《あとまだ書き散らした雑文の残りが相当あるので、これも機会があったら本にするかもしれない》と。

このような個所をのんべんだらりと読んで、そのままにしているのでは編集者失格に違いないという思いにとらわれ、他でもなく、このように、恥多いお手紙を差し上げましたのは、その機会をぜひとも私どもに与えてほしいという思いからであります。

先生にも、ご予定、条件など種々ございましょうが、当方としましても、先生の意に添えますよう最大の努力を惜しむものではございません。ぜひともご検討いただけますよう切に望む次第であります。

忌憚なきご意見、ご忠告いただけますならば誠に幸甚と存じます。

末筆ながら先生のご健康を祈念してやみません。

敬具

一九七五年一月十二日

大和書房編集部
小川哲生　拝

竹内好先生

この話は、当然のごとく頓挫したのはいうまでもありません。けれどもぼく自身は、竹内さんとの仕事をけっして諦めたわけではなく、再度チャレンジすることになります。その時期はすぐにやってきました。誤記のお詫びを兼ねた四通目の手紙も、掲げておきます。

拝啓

その後、ご無沙汰いたしております。

先便では誤記、脱字だらけの手紙、誠に恥ずかしい限りで、自責の念でいっぱいであります。本来ならば、腹掻ききってお詫び申し上げますところでありますが、未だ生への執着止みがたく、死一等免じていただきまして、一ヶ月の謹慎（禁酒）を自らに課した次第であります。

今後も何卒よろしくお引き立てくださいますよう伏してお願いいたします。

さて、今回、懲りもせず、お手紙をさしあげましたのは、他でもなく、先生が、いままでお書きになられました「魯迅」に関しての論考のすべてを一冊にまとめさせていただけないかと思い筆を執った次第です。

現在、私どもが入手可能なものは、未来社版の『魯迅』（未来社、一九六一）だけであり、『魯迅雑記』（世界評論社、一九四九）、『世界はんどぶっく・魯迅』（世界評論社、一九四八）、『魯迅入門』（東洋書館、一九五三）は入手不可能という状態であります。

たとえば、書かれた全体像がすべてはっきりしているわけではございませんが、ある一節が妙に頭に残り、何度でも読みたくなるという本がございます。

具体的には、先生の『魯迅』の中の次の一節などはまさにそれに当たるように私には感じられます。

《人は生きねばならぬ。魯迅はそれを概念として考えたのではない。文学者として、殉教者的に生きたのである。その生きる過程のある時機において、生きねばならぬことのゆえに、人は死なねばならぬと彼は考えたと私は想像するのである。それは、いわば文学的な正覚であって、宗教的な諦念ではないが、そこへ到るパトスの現れ方は宗教的である。》

《魯迅は、いわゆる思想家ではない。魯迅の思想を、客体として取り出すことはむつかしい。かれには体系的なものはない。強いていえば、かれの人間存在そのものが一個の思想である。》

この印象的な一節が、私だけでなく、先生の文章に接したすべての人にとって感動深いものとしてあると言っても決して誇張したことにはならないと確信しております。

竹内先生にとりまして宿命的ともいえる出会い（遺書に近いという気持ちという表現はまさにそれと思われます）が、この魯迅にございますように、また私どもにとりましても、先生の魯迅論考が、そうであるように考えられます。

先生の魯迅に関する論考をすべて読もうと思いましても、現在では入手不能のものや単行本未収録のものが多々ございまして（図書新聞社刊行の立間祥介編著『竹内好著作ノート』で調べてみましたら三十以上にのぼります）不可能に近いことに、その困難さがございます。

小林秀雄の「ドストエフスキー論考」は一冊にまとめられ入手し易い関係上、現在時点での魯迅に関する論考を『魯迅』『魯迅雑記』『世界はんどぶっく・魯迅』『魯迅入門』『「雑記」以降』という形で一本にまとめてくださいましたら、さぞ私どものように後から系統的に追っていこうとするものにとりましてはこの上なく、ありがたいものになるかと存じます。

その際、たとえば、編集・解題は飯倉照平氏に、解説は橋川文三氏に「竹内好と魯迅」といったようなものを書いていただければなおのことおもしろいと考えておる次第であります。

竹内先生にとりまして決していい読者とは言えない私ではありますが、私にとりまして幻の本でございます『全論考・魯迅』なるものをぜひとも公刊させていただければ幸甚と存じます。

誠に勝手な注文とは存じますが、私どもの意向をお汲み取りいただきまして、ご検討くださいますよう切に望む次第であります。

敬具

一九七五年三月三日

大和書房編集部
小川哲生　拝

竹内好先生

この手紙に関しては、すぐに連絡をいただきました。好意的なご返事でした。手紙ではなく電話だったのですが、すごく嬉しかったのを覚えています。「現在、勁草書房に問い合わせており、勁草から了解を得た段階で、具体的に話しをしよう」というご返事でした。ところが、勁草書房のほうはどうしても降りる気はないといいます。一点の作品でも欠いたなら「全論考」にはならず、『全論考・魯迅』は諦めざるを得なくなりました。幻の書『全論考・魯迅』は、先生の没後に刊行された『竹内好全集』が筑摩書房から出るまでは、全体像はあきらかになりませんでしたので、残念至極でした。全集でも「魯迅」関係は二巻になっていますから、当時、一冊としては破格のページ数の本になるはずで、話題になったのに、と今でも考えております。再度、チャレンジしでも、このままでは終われないし、終わらないのが編集者＝小川哲生です。

たのが六通目、最後の手紙です。

拝啓

立春を過ぎたとはいえ、まだ肌寒いこの頃ですが、先生におかれましては魯迅の翻訳に邁進なされてご多忙を極める毎日のことと存じます。

その後、ご無沙汰いたしておりますが、以前、お叱りを受けましたことを己れの肝に銘じまして、少しはましな仕事をと心がけておりますが、意気込みの割には遅々として進まず、それにつけても、自らを省みますとき、己れの非力に恥じ入り、口惜しいかぎりです。

さて、今回も懲りもせず、お手紙を差し上げましたのは、他でもなく、『第三文明』に発表なされました「わが回想〈戦前編〉上・下」(『第三文明』一九七五年十月号、十一月号)を発展させる形で一本にまとめられないかと存じまして、筆を取った次第です。

先生のお話の内容が、資料的な意味での一つの貴重な証言であり、また単に一つの証言にとどまるものでなく、遙かにそれを超えるものとしての自己によります竹内好論の試みとも読めるという確信がございますからこそ、なおのこと公刊させていただければと思ってしまいます。

先年、菅孝行氏とお話をしたことがあります。彼はちょうどそのころ『竹内好論』の執筆にとりかかろうかというような時期だったかと記憶しております。彼は以前から、私に竹内好こそ、現代、稀に見る思想家であることを力説し、私のほうはと申しますと、森崎和江氏の本を編集しながらの過程で、〈アジア〉という問題を内在的にとらえるには、やはり先生の本を読まねばと思っておりました関係上、先生の本を入手可能な限り読みはじめていたもので、意気投合したようなわけで、話に花が咲いたことを記憶しております。蛇足として付け加えておきますと、現に当社で企画を進めております評伝シリーズの対象人物は、先生の「アジア主義の展望」という論文を参考にさせていただいております。

「菅さん、どうせ論を書くなら、この際、竹内氏とお会いし、じっくりインタビューなどを行い、自分の不明個所などお聞きしてから執筆にかかれば、なおのこと、自分の本にとってプラスのものが出てくるのでは?」などと話をし、彼のほうではと言えば、「いや、私のほうもそれを考え、『第三文明』で今度その企画で進める手筈になっている」とのことでした。

世の中には、能力の違いはあれ、同じようなことを考える人は多いのだと思い、早くその掲載される雑誌を読んでみたいものだと考えておりました。

最近、また菅氏とお会いし、話をする機会を持ったので、戦前編がでてから、なかなか次の戦後編が出ないのはどうしたわけかと尋ねますと、第三文明のほうが、あまり乗り気でないような話でありましたので、私自身、編集者根性とでもいいましょうか、当社で、再度、全体的にお話をうかがう形で、戦前・戦中・戦後をまとめて一本にできれば思ったのが、お手紙をさしあげますことの背景でございます。

私自身、ぜひとも当社の刊行物に先生の御著書を加えたいというのが年来の夢であり願望であります。先生がご承諾なされた場合には菅氏は協力にやぶさかではないとおっしゃってくださっております。

誠に不躾なお願いとは存じますが、私どもの意向をお汲み取りいただきまして、ご検討くださいますようお願い申し上げます。

未だ、毎日、寒い日が続きますので、ご健康に留意なされましてご自愛くださいますようお祈り申し上げます。末筆ながら『魯迅文集』の翻訳の脱稿を祈念してやみません。

敬具

一九七六年二月二十一日

大和書房編集部

小川哲生　拝

竹内好先生

当時、竹内さんは『魯迅文集』の翻訳に、文字通り全身全霊で取りかかっており、小平の仕事部屋に、弁当持参で翻訳完成にむけて邁進される毎日だと言われていました。その先生からある日、電話がかかってきたときのことを、まるで昨日のように覚えております。

先生は、いま浅草での会合が終わったばかりでこれから新宿に向かうが、あなたは、今日は時間の都合がつくか、と言われ、もし都合がつくならビールでも一杯やらないか、とのお誘いの電話でした。すぐ新宿にまいりますので時間を指定してください、とお伝えしました。お会いし、先生からは「いままで君には意識して厳しく当たってきたが、君はめげない編集者だね」とお褒めの言葉(たぶん)をいただいたのです。そしてつぎのようにおっしゃいました。

「来年三月までに『魯迅文集』の翻訳にいそしむが、それが終わったら、今度こそ、一緒に仕事をしよう。それまで少し待ってくれ」

竹内先生との仕事がやっとできる、とぼくは舞い上がってしまいました。それからは、『魯迅文集』の翻訳の完成を待つ毎日でした。第一巻が刊行されたのは一九七六年十月。ところが、です。

「十一月二十日、むせて飲食物がのどを通らなくなる。十二月一日、吉祥寺の森本病院に入院。即刻レントゲン撮影の結果、肺ガン疑いが極めて濃厚となる。九日食道ガンと判明」と『竹内好全集』第十七巻(筑摩書房)所収の「年譜」にあります。当時、その事実はぼくらにはあきらかにされていませんでした。ぼくは順調に翻訳の仕事が進んでいるものとばかり思い、一日も速い完成を待ち望んでいたのです。

そして、一九七七年に入ると、年譜には次のような記述が。

「(一月)中旬より全身にガンが転移、腰と頸部の激痛をおさえるため鎮痛剤を連用。意識の混濁はじまる。(中略)三月三日、むくみもとれ、これまでになくおだやかな眠りが続いた。その状態のまま、三月三日十九時四〇分死去。」

三月十日の信濃町の千日谷会堂で行われた無宗教による葬儀にはひとりで参加したのですが、そのときの様子はほとんど覚えていません。呆然自失の体だったのでしょう。

これが、二十代編集者生活、最後の、痛恨のエピソードです。これからは三十代の、同世代の書き手たちとの共同作業を中心とした仕事に入っていくことになります。少しだけ触れていますが、詳しいことは次回以降にしましょう。

(*9)一九七〇年に鈴木正氏と共編者として『中江丑吉の人間像——兆民を継ぐもの』(風媒社)、一九七九年編著として『中江丑吉という人』、一九八二年『ある戦中派「市民」の戦後』(いずれも大和書房)を刊行。〇七年には洋泉社MC新書として、『三代の系譜』が復刊される(初版はみすず書房、一九七五年)。その他の著書に、『中江丑吉の肖像』『21世紀の担い手たちへ』(いずれも勁草書房)がある。

【付録】1

偉大な〝闇〟を導きとして――追悼・上野英信

上野さん、あなたはわたしにとりまして、依然として謎です。

生前、仕事を通して（『骨を噛む』『火を掘る日日』）、そして、上京した折、お声をかけてくださいまして、お会いし、たびたび酒席を共にして楽しいひとときをすごさせていただいた折にも感じたのですが、それはやはり謎といったものです。

わたしは、それを、存在の多面体と呼んでもきましたし、またスケールの大きさという言葉でも、言ったことがあるのですが、そう表現しても、何か言い得ていないという感じです。

たとえば、その人となり、あるいは生き方の確かさ（中江丑吉ならば「自覚した大衆《マッセ》」と呼ぶところなのですが）を慕って集まる人間の種々雑多さ、これを何と呼べばいいのでしょう。

それはあたかも、〈群盲、象をなでる〉の諺そのものといってもいいかと思われます。あるものはこうだといい、また別のものはいいや、こうだという……自分の尺度に合わせて批判する。それを全体として止揚する視点がない。

そこに集う、A、B、C……それらは何の脈絡もなく、またお互い同士、何らの関連――趣味・性格・信条――そして共通項もない。ただ、上野英信というプラズマに引き寄せられた者同士としてしかくれない。往々にして、反感すら感じ合う。違和感そのものといったものです。

第三者からみれば、何とご苦労なこったというにちがいない。

しかし、それが上野英信という稀有なる生活者にして思想者を前にしたとき、お互いの反感すらが、一瞬のうちにやわらぎ、はじめて他者として出会える。例の「まあ、一杯いきましょうか」の一語で、お互いがうちとけあう。

これを果たして、一体、何と呼べばいいのか。

時代は〈差異〉を求める。求めすぎる。そして〈差異〉を求めるところに己れの意味を見出しお互いの〈差異〉を強化させることで、安定をはかろうとする。意味があるのは〈差異〉だといわんばかりに。

この時代の風潮に、わたしとても例外ではなく、ドップリとひたっている。同一性にかけるよりも差異に目がいく。それは独りよがりの主張にもなる。

しかし悠揚迫らぬ、上野さんを前にしたとき、己れの〈狭さ〉〈猪口才さ〉をいやというほど確認させられるのは、決まって、〈差異〉を口にする者たちである。

本当は、思想の独自性などはそれほどのものではないのではないか。すこしばかりの差異を強調したところで、何ら、独自性なんて保証されるわけでもあるまい。

思想にも流行というものがある。流行を追う者は必然的に流される。

しかし、上野さんは違う。これしかない、というふうに一点を見据える。〝闇を砦として〟と。だが、生まれながらの聖人が存在しないように、ここに到達する前に、なんと否定につぐ否定があったことかと時として思わざるを得ない。

本来、上野さんは〝方法の人〟であったとわたしは感じている。これは単なるわたしの直感にすぎないのだが、若き日の「小説」のシュールな世界は実にそのことを表していると思うが、どうだろうか。その意味で、ある種の断念―選択があったのだ、と。そこのところを明らかにするのは、わたしの力に余ることだが、やはり、わたしには、依然として謎である。

一本気で、近代日本の深い底――その圧力の中で生き、社会を支えている人々のエネルギーを見据え掘り起こす、そして流行には背を向ける。必然的に上野さんは反時代的思想者の貌を呈することになる。

上野さんに、はじめてお会いしたのは、十八年前の二十四歳の夏であった。編集者になってまだ一年足らずのまさに生意気盛りのころであった。森崎和江さんにお引き合わせいただいたのであるが、上野さん宅をお訪ねしたときのことが、いまも鮮やかに思い出される。

お会いする前に一度だけ、お手紙を差し上げたことがあった。当時も今も変わらないのは生意気さと文字の小ささであるが（ひとはわたしの字を10ポイント活字の大きさという）、しかもちょっと長め目の手紙だったので、わたしがお邪魔したとき、目の前にいるわたしと手紙のわたしとが余り結びつかなくて（当時は今よりもなんと十キロも体重が多かった）、「あれー、もっとほっそりした繊細な感じの人と思っておりました」と晴子奥さまにいわれたときは、ただただ苦笑したものだった。

初対面にもかかわらず、実に大変な歓待をうけた。しかも自ら日炭高松のボタ山まで案内役を買って出られ、いろいろ筑豊のことをご教示いただいたことは、二十四歳の若造にとっては、きわめて感動的なことだった。こんな先達はそうざらにあるものではないからだ。

一方におけるボタ山の風化と、もう一方における舗装道路の整備、そのアンバランスさ、このパラドキシカルな状況を目の当たりしたとき、なぜ上野先生が、この陥没地に住みつき、筆による文闘を行い続けているのか、ほんのわずかながらもわかったような気がしたものだ。共感をもって。

森崎和江さんのことばを借りますれば、《情況を評論するのではなく、うつうつとしている私たちすべての被害感をバネの一つにして自己の本来性に立つ意識のルートを物質化すること》と端的に述べられているそのことが、そのときのわたしの胸に去来したことをもっともよく表している。人間の生きざまといったものが。

また、上野さん宅を訪問したことがある人なら、誰でも気づくことだが、それを言ってみたい。それは食卓の大きさということである。東北の一農村に生まれ育ったものからみれば、それは異常な大きさに映り、まさにわたしはそのことに圧倒される思いであった。風化したブルジョワのサロンとはまったく位相を異にした〈共食〉〈共生〉の物質化というふうに考えたのである。

共に生きるという姿勢をその日常性の次元で追求すること、また筑豊文庫そのものが、「日本の地底に埋められた生者と死者、過去と未来を含めて、一つの巨大な泣き部屋になるように」願ったものであることを考えるとき、上野先生の身をもって示される、〝共に生きる〟姿勢は強く私どもの胸に残る。

人は思う。こんなにもつらい、苦しい、悲しい、なのに、なんで生きねばならぬのか、と。

そんなとき。「自分のほかにもがんばっている人がいる、筑豊には上野さんがいるぞ」と思うと、何かしらもう少し頑張ってみようと勇気がわく思いがする。上野さん亡き後だって、それは変わらない。そこには本があるのだから。本を通して、いつでも会えるのだから。

そして。また思う。上野さんの書くものはたとえその内容が重苦しく、またしんどいものであっても、その本を読むとなぜか元気になり、深いところで救われるのを感じる。

『骨を嚙む』には次の一節がある。

《闇――、それはけっして空間ではない。しいたげられた肉体と魂が、そこにおのれをひたすことによって救いと力をくむことのできる、唯一のたしかな実質であり実体である。闇こそが日本の農村が信頼をよせることができた哲学そのものであり、思想そのものであったといえよう。そしてそのゆえに、表現すべきことばをもたぬ農民にとって、闇こそは神そのものであった。》

このように美しいことばで語られた本物の思想がかつてあっただろうか。皆無とはいわないが稀有なることは事実だ。ここに語られていることはけっして「農民」に限定されるものではない。ご自身、〝泣き部屋〟といったとき、必ずや、この〝納戸の思想〟を想起されたにちがいない。〝闇を砦として〟と。

このように表現するひとを一体、何と呼べばいいのか。

わたしは編集者生活をはじめた若年時に、この『骨を嚙む』を編集担当させていただいた幸運をいまかみしめている。そして、思う。いま、時代は我に利あらずといえども、もう少し先まで歩いていけるのではないか。そうだ！　もう少し先まで歩いてみようと。

あの偉大な〝闇〟〝謎〟をもっともっと考えつめてみよう。そしていつの日にかきちんと解答を与えてみよう。上野英信は本の中に生きている。思い出は常に新しい。読み解かれることを待っている姿に出会うことは、実にわたしの課題である。

（上野英信追悼録刊行会編『追悼　上野英信』一九八九年十一月二十一日発行所収）（大和書房）

【付録】２
偉大な詩人の思い出のために――追悼・菅谷規矩雄

大晦日。一年ぶりに外周りの掃除でもするかと、庭に出ていた。突然の電話のベル。豊橋の北川さんからだった。北川さんといえば、あの北川さんしかおもいつかない。何か不吉な予感がした。「北川です。よくない知らせです。昨晩、詩人の菅谷君が亡くなりました。……」

余りにも突然の知らせに、頭は真っ白、ただボーッとして、何を返事したかすら今は思いだせない。

とにかくご遺体が安置されている福生まで行くしかない。電車での二時間はまたたく間に過ぎた。電車よ！　福生に着くな。実際、福生に着かなければ、菅谷さんが亡くなったことなどはほんの冗談にしか過ぎない。電車よ走るな。

しかし、これは冗談などではなかった。棺に納まった詩人は幾分黄色みを帯びてはいたが、苦悶の表情などなく、やつれなどさらさらなく、微笑すら浮かべていた。ご遺体に触れてみた。冷たかった。そして悲しかった。ちょうど、三週間前に義父を亡くし、そして追い討ちをかけるように敬愛する人の一人をまた失ってしまったのだ。

思えば、「一度遊びにいらっしゃい」、そう葉書をいただいてから、わたしと菅谷さんとの関係は始まった。付き合いは当然にも著者と編集者のそれであった。その後、六冊の本を手がけさせていただいた。あの意志の強い、それでいて、限りないやさしさで接していただいてわたしはなんと鼓舞されたことか。

ピアノ・トリオといえば室内楽でも独特の位置を占める。わたしはずっとそう感じてきた。ピアノ、ヴァイオリン、チェロ。おのおのが己れを主張しつつ、けっしてアンサンブルを崩さない。アンサンブルに意を用いすぎれば、それは妥協となり、一人ひとりの個性が生きず凡庸なものとなる。競奏というべきものと調和があってはじめて聴くに耐えるものとなる。技量と思想性が試されるものである。ピアノ四重奏や弦楽四重奏に比して陽の当たらない――作曲家が好んで取り上げない形式であり、あのモーツァルトはついに一曲ものしていない――そこに何かしら、わたしは好ましいものを感じてきた。

それは、わたしにとり菅谷さんのイメージに重なっていた。あの他者の追随を許さない方法意識に満ちた原理志向。それにこだわりすぎれば、筋張ってしまう。情に流されれば俗に陥ってしまう。

この虚実の皮膜をどこに求めるか。こう考えていけば、まさにピアノ・トリオそのものではないか。ある時、酒席で、たわむれにこう言ったことがある。ご自分を音楽になぞらえれば、何になりますか、と。はじめから答えを期待せず、こう問いをたてれば、自ずと、わたしは答えを出さねばならぬ。

《菅谷さん、あなたはたとえてみればピアノ・トリオなのですよ。モノトーンの無伴奏チェロといいたいところですが、絶対にピアノ・トリオなのですよ》

詩人はそのとき、ただにっこりと微笑み、否定も肯定もされなかった。

たとえば、わたしたち二人の酒席はこのようにはじまるのです。仕事のはなしはほんの一〇分。あとはこのような雑談に終始するのです。度し難いほどの無知なわたしを前にして、生来の教師魂を刺激されてか、あの授業拒否を貫き、無言と孤立を自らの思想のモチーフとした詩人は、まさに出来そこないの一人の生徒を前にした先生のように無料の授業を開始されるのです。言葉が言葉を生み、論理は果てまで飛翔するのです。それはわたしにしみわたり、そして編集者であるわたしをいたく刺激するのです。ボトル一本と決めて、二人でそれを空ける。ボトルキープなどというのは邪道というのが二人の暗黙のきまり。残れば捨てればいいさ。

この授業からわたしはどれだけ多くの恩恵を受けたか。そう、多大な恩恵をうけたのです。これは大声で明らかにしておかなければならないのだが、それは次のようなものである。たとえば、吉本隆明著『戦後詩史論』、村瀬学著『初期心的現象の世界』、小浜逸郎著『学校の現象学のために』、そしてご自身の『宮沢賢治序説』また然り。ちょっとしたヒントがわたしを走らせたのです。

生活は常に政治の幅よりも大きい。これをもってすれば、こう言ってもいいのではないか。文よりも生身の詩人そのものの姿がずっと大きいのではないか、と。これはけっして故人を貶める言葉ではない。一度でも菅谷さんに接した人間であれば、即座に納得できることだが、あの難解にして読者を拒絶するかにみえる文体に比し、その話し言葉の軽やかさ、豊饒さは何と言えばいいのか。詩人はけっして話体の人ではなかった。しかしである。わたしは一人の編集者として、伸びやかに響くバリトンの声とあの話し言葉そのものの魅力を伝えねばならぬ、と。晩年とみに贅肉をそぎおとし、内面に沈潜していく文体に接し、ある種の危惧を覚えた。それ程までに時代は詩人に過酷さを強いた。われらの世界に詩人を取り戻すためにも豊饒さに満ちた語りの本を作るべきだ、と。

しかし、それは見果てぬ夢となった。不肖の生徒はいう。どうして、先生は宿題を残して逝ってしまうのか、と。

さもあらばあれ、わたしには六冊のテキスト（著書）が残された。そして貴重な講義録（記憶）と共に。今はこのテキストをもう一度、反芻するしかない。チャイコフスキーの唯一聴くに耐える作品《偉大な芸術家の思い出のために》（作品50）もそういえばピアノ・トリオだった。「偉大な詩人の思い出のために」――。

1990・2・3

（『あんかるわ』№82　一九九〇年四月二十日「追悼　菅谷規矩雄」掲載）

第三章

その人は言った。大衆が豊かになることはいいことだ、と。

▼遺作『書 文字 アジア』ができあがるまでの日々

吉本隆明さんが亡くなりました。そういう日はいつか必ず来る。そうは思っていても、実際に口にしてしまうと本当にその日が来てしまうようで、絶対にそういうことはない、と自分に言い聞かせてきました。でも、とうとう、その日が来てしまったのです。

ぼくは、吉本さんが具合の悪いことは知っていたのですが、意識的に、いま大変なんだということは誰にも伝えなかった。周りにも、吉本さんの入院を知っていた人はいたのですが、やはり誰も話題にすらしていない。ということは、口に出して言ってしまうと本当に起きてしまう、というような思いが皆にあって、だれも言わなかったんじゃないかなと思ったりします。

たまたまぼくは、二十年前の吉本さんと石川九楊さんとの対談を、本にする作業を手伝っていました。吉本さんはしゃべり言葉と書き言葉はおのずから違う、しゃべったことをそのままで本にすることはできないから、どこにどう手を入れるか、納得いくまでその作業をしないうちは、出すわけにはいかない。常々そうおっしゃっていました。

もう少しそのいきさつを言いますと、昨年（二〇一一年）の十一月にある編集者から、自分は来年の四月には六十五歳で定年退職になる、その前にこの懸案になっている、石川九楊さんと吉本さんとの対談をぜひ出したい、そして編集者生活をまっとうしたい、協力してもらえないか、という相談があったんです。ぼく自身、六十三歳で社員編集者を辞めたんですが、そのとき、どの本を編集者としての自分の最後の仕事にするかということは、とても大きな課題だったのです。そこでしっかりとした仕事ができないと、やり残してしまったという感じが残り、ある種の不全感を辞めた後に感じてしまう。そう考えていたので、彼が辞める時に何を作るかについて悩んでいるのなら、ぼくは無条件でその最後と決めた本作りに協力すると決めたんです。そこで依頼を受けて、吉本さん宅に伺い、ぜひこれは本にさせてほしい、一人の読者としてもそうだし、編集を職業にした者にとって、なにを最後の本として店をたたむかということはたいへんに重要なので、その編集者の思いをかなえさせるためにぜひ本にさせていただけないか。そうお願いしたのです。

吉本さんはかなり目が悪くなっておられましたから、もう手を入れることは不可能だったかもしれません。それで、表現上のここは直すといったかたちの手直しはおこがましくてできないので、自分なりに正確さを期すということはできるのではないか。たとえば、あれ、これ、それ、といった指示代名詞が具体的に何を指すのかをはっきりさせる。主旨が混乱しているところを整理する。主述のつながりを分かりやすくさせる。事実関係に誤りがないかどうかを確認し、もし誤りがある場合は、その個所を訂正する。そんなふうにして進めていくことはできるのではないか。吉本さんにそう相談し、承諾をいただいたのです。

それで筑摩書房の担当編集者である山本克俊さんに連絡をして、吉本さんからＯＫが出たので、すぐに仕事を進めてほしいと伝えました。石川九楊さんのほうももう一度読み直し、手を入れはじめ、急激に事態は進行したのですね。すると少し経って、吉本さんから、この話はちょっと待ってもらえないか、自分が手を入れないまま出してしまうのは、やはりまずいのではないか。そう言われたので、石川さんが二度ほど手を入れ、いま再校ゲラが組み上がる直前まで進んでいます、と伝えると、そうか。そこまで進んでいるんだったらもう止めるわけにはいかないな、と答えられ、進めてもかまわないが、ただ、できあがった本が自分の気に入らないときや、ここがおかしいと思ったら、遠慮なく文句は言わせてもらいます。つまらない言いがかりみたいなことをいうつもりはないけれど、それだけは覚えておいてもらいたい。それを承知して進めてほしいという条件だったのです。そのことを十分に踏まえたうえで仕事を進めてきたわけです。

ただ、この作業の「主」は筑摩の編集者、「従」はぼくだということ、それは、ここではっきり明言しておきます。ネット上に噂として小川がこの本の編集をしていると出ていましたが、実情は吉本さんへの橋渡しとただの手伝いをしたに過ぎない、と言っておかないと、誤解が生じてしまいます。ほかの編集者の手柄を横取りするようなことはしたくないですからね。

それからぼくのほうにもプランがあって、石川九楊さんに本のタイトルの文字を書いてもらう、装丁は菊地信義さんにお願いする。新原稿は無理なので、旧原稿でお互いがお互いにふれた原稿を再録する、といったことを提案すると、まったく問題はない、こちらとしても望むところだという返事が筑摩側からあり、後はとんとん拍子でした。そんなわけで、いろいろと時間はかかったのですが、ようやく本の形になるわけです。それが『書 文字 アジア』です。(＊1)

(＊1) 吉本氏と石川氏の対談は、一九九二年二月から七月にかけて、全三回にわたって行われたもので、いわゆる語りおろしで、本書が初出となる。内容は三章構成となっており、「第1章　書の美はどこからくるのか」「第2章　アジア的段階以前をどうとらえるのか」「第3章　日本的なるものをどこで見るのか」となっている。「付録─関連資料」として、吉本氏による「石川九楊論」、「石川九楊著『日本書史』をよむ」

――と、石川氏による「『言語にとって美とはなにか』――二十一世紀へ残す本残る本」「吉本さんからの宿題」を付す。

▼二〇一二年三月十六日のこと

見本ができあがるのが三月九日、店頭に並ぶのは三月十六日。そう決まったとき吉本さんにお伝えしたくて、自宅に何度か電話を入れましたが、いっこうにどなたもお出にならない。それまでは、最初に大きなワープロ文字で用件を書き、何月何日何時ごろに電話をさせていただきます、とファックスで送っておくと、次は電話に出てくれる。そういうかたちで連絡を取り合ってきたのです。ところが三月二十六日にファックスしてもだめだし、何をやっても通じなかったのです。ひょっとしたらただならぬことが起きているのではとチラッと考え、すぐ打ち消ししたりしていたのです。そこで筑摩の編集者に、吉本さんと連絡がつかないので、見本を直接渡すことはできないから、宅配で送るようにしてほしいと伝えました。

でも何とか連絡を取りたいと思い、ご家族の私用の携帯電話の番号を知っていたので、普段は使わないのですが、そちらにかけてみると、現在使用されていないということで、やはり通じなかったのです。すると二十分ほどして、折り返し長女の多子さんから電話が入り、じつは、いま父は入院しているんだという。一月に風邪をこじらせ肺炎で入院した、一度は持ち直してきたのだけど院内感染に罹り（この件は、ばななさんもブログに書いていることで、公表しても大丈夫だと思うので触れますが）、高齢であること、糖尿病を患っていること、こうしたことを考えると、きわめて危険な状態にある、と言われたというのです。

ちょうど寒かった時分から、少しずつ暖かい時期に向かうころだったので、寒い時期をなんとか越すことができれば、持ち直してくれるんじゃないか。そう願っていたのですが、それは叶わず、二〇一二年三月十六日という日は、生涯忘れられない日となりました。

当日は、朝の六時に、勢古浩爾さんからの電話で、「いま、NHKが報じたが、吉本さんが今日未明二時十三分に肺炎のため日本医大で亡くなられた」と知らされ、「やはり」と呆然としました。すぐにテレビをつけたのですが、その六時のニュースは終わっていて、七時のニュースまで待つほかなかったのです。

それからどうしようかと思い、小浜逸郎さんや佐藤幹夫さん、井崎正敏さんにメールで吉本さんが亡くなったことを伝えたり、筑摩書房の山野浩一さんや山本克俊さんに電話したりしました。そして、何か手伝いでもできるのではと考え、とにかく吉本さんの自宅に出かけてみようと、齋藤愼爾さんや高橋忠義さんと連絡を取り合い、十一時ごろに行ってみました。すると新聞社やテレビ局が自宅の前で待機している。聞いてみると、五時半からきていたといい、吉本家の二階の部屋の電気は付いたままだけれど、どなたもいらっしゃらないようだという。ぼくらもインターフォンを押してみたのですが、誰も出てこない。そこで病院に向かいました。

結局、病院にいっても、入院そのものの事実も確認が取れず、またご自宅に引き返すほかありませんでしたが、ご家族のどなたにもあうことはできませんでした。そのときNHKの人間にマイクを向けられたので、亡くなったのは三月十六日の午前二時十三分。たまたまではあるが、石川九楊さんとの対談の本が店頭に並ぶのが今日、十六日の午後三時ごろである。最後の本の発売の日に亡くなったのは、運命の不思議さを感じる、ということだけを話し、それ以上はなにも語らなかった。それが当日のＮＨＫの昼のニュースでながれたのです。テレビを見たよと何人かから言われたのですが、テレビ用にしゃべったわけではないのです。ぼくは改めて、せめて吉本さんにできたばかりの本に触れていただいて、手触りを確かめてもらいたかったなあ、と思いました。これが当日の実感です。

それからすべてのマスコミが、吉本さんの死にたいして異常とも言えるほどの反応を示すことになっていくわけです。たとえば朝日新聞なんかは、ある時期までは、吉本さんの本はまったく書評で取り上げることはなく、無視し続けてきたと言ってもいいくらいだったにもかかわらず、亡くなると三日連続で追悼の記事を書いた。死んだのちに評価が定まるということはあるから、それはそれでいいのかもしれないけれど、言っても詮ないことですが、それならば生きているときに、もっとちゃんと遇するということをやってくれてもよかったのではないか。亡くなったということでお祭り騒ぎをしているようで、ぼくにはあまり気持ちのいいものではなかった。

いろんな人が、いろいろなところで追悼文を書いていますね。本当に悼み、悲しむ形で追悼の文章を書いているのか、まともに読んだこともないのに、追悼の名を借りて吉本さんをクサしたくて書いているのか、時に、物書きというものは情けないもんだな、自分で書きたくもないときでも頼まれれば書かなくてはならない。まして、その媒体の思いに応えるようにして書いたのでは、と疑いたくなるような文章も見られました。

その典型だったのが、朝日四回目の姜尚中の文章です。(*2) 三回目までが絶賛といっていい文章ばかりで、バランスをとるための揺り戻しか、と思えるような内容で、かなりひどいシロモノです。追悼文は書かない、生前同様、亡くなった後も批判をするんだ、挨拶のような文章は書かないということならば、それはそれでかまわないわけです。

しかし姜尚中の「追悼文」は、自分は九州から上京したばかりのしがない「在日」の大学生にすぎなかったけれど、吉本の著作に出会ったのは大きな事件だった。「吉本の丸山真男論をはじめて読んだとき、わたしはすかさず教祖にひれ伏す『信徒』になっていた」。ところが、ある時期から吉本は大衆の欲望におもねるようになった、大衆の「欲望自然主義」を無邪気に肯定する吉本は「転向」したとしか思えなかった、と書いています。そして昨今の原発発言に見られるように、「科学によって科学の限界を超えられると嘯いた」と罵倒し（「科学によってしか科学の限界は超えられない」と正確に書くべきでしょう）、かつての面影はどこにもない、この点を見れば、吉本は、ヒロシマで被爆したにもかかわらず、被爆者手帳の交付を拒み続けた丸山真男よりも、はるかに無限の進歩と科学万能を信じて疑わない「近代主義者」にほかならない、と切って捨て、自分は、そのことに気づいた時から吉本を読まなくなった。そういう趣旨の文章です。

率直に言いますが、本音は、知的な場所で上にあがってきた人間が「精神の貴族主義」を気取っているわけですが、結果的に、大衆をバカにする類のものではないでしょうか。吉本隆明は、「大衆の欲望をフェティッシュに担ぎ回る消費資本主義のトリックスターに変貌した」とは、よくぞ言ったもので、こんなものは追悼文ではないでしょう。ふつうはこういうものを評して「手のひらを返した」というわけですが、そしてそれは日常の生活者がもっとも忌み嫌うものですが、彼は教祖からの「脱魔術化」だとのたまうわけです。いい気なもんだと言うしかありません。

最初から最後まで批判するならすればいいのに、最初は自分も熱心な読者だった、と持ちあげておいて、しかし途中から駄目になった、自分は駄目になりたくないから、吉本を読むのを止めた。いまとなっては、丸山のほうがはるかにいい、そういうことが含意されていますね。こんな「追悼文」を書くくらいならば、なにも書かないほうがいい。断ればいいじゃないですか。批判したいならば、追悼とは別の場所で、追悼文ではないかたちで批判すればいい。なんでわざわざ追悼の場所にノコノコ出てきて、こんなことを書かないといけないんだろう？　あえてかんぐった言い方をしますが、朝日新聞の思惑を汲んだのではないか、と感じさせるような内容です。よもやそのようなことはない、とは思いますが。

他の執筆者の追悼文にも色々感じることはあるんですが、姜尚中だけは、はっきりと批判しておきたいですね。

吉本さんがよく取り上げて、若年時のぼくなどはおよびもつかないことだと感じた有名な言葉があります。

「市井の片隅に生まれ、そだち、子を生み、生活し、老いて死ぬといった生涯をくりかえした無数の人物は、千年に一度しかこの世にあらわれない人物の価値とまったくおなじである」（『カール・マルクス』試行出版部）

「結婚して子供を生み、そして、子供に背かれ、老いてくたばって死ぬ、そういう生活者をもし想定できるならば、そういう生活の仕方をして生涯を終える者が、いちばん価値がある存在なんだ」
(「自己とはなにか」『敗北の構造』弓立社)

人間は生まれ、結婚して、子どもを育て、そして老いてひとり死んでいく。そうやって普通に生涯を終えていく人間は、千年にひとりの思想を作り上げた人間と等価であり、自分もそういう生きかたを理想としてきた、ということを一貫して言ってきたひとなのです。そのどこが大衆におもねることなんだ? どこが「大衆の欲望をフェティッシュに担ぎ回る」ことなんだ? 〝ためにする批判〟とはまさにこのことじゃないですか。吉本さんの口グセではないですが、「ひでえもんだな」と思ったんです。なぜ、大衆が豊かになることはいいことだ、と言い切れないのでしょうか。ぼくは、そんな思想に何の意味があるんだと思ってしまいます。かっこつけだけじゃないか。

亡くなる前に糸井重里さんに語ったという言葉によれば、自分が死んだら町内会葬をやってもらいたい、それでいいんだという。ぼくが聞いた言葉は、自分の葬式をどうするかは残った人間が決めればいいことで、自分にはまったく関心はない。そうおっしゃっていました。今回はまさにその通りで、ご家族は父親の言ってきたことを忠実に守ったんだな、と思いました。身内だけの家族葬、密葬でしたからね。有象無象が集まって大騒ぎをしながらお通夜をするとか、お別れの会をするのではなく、一人ひとり、自分だけの送り方をする。それで十分じゃないか。だからぼくも家でひっそりと、一人だけで通夜をしようと思いました。

じゃあ、どうやってぼくなりに吉本さんの追悼をしようか。ぼくは編集者だから、吉本さんの思想について語るのは自分の役割ではないと思っています。第一章で話したように、編集者としての姿勢を吉本さんに教えられた人間としては、いかにも親しげに回顧して見せるよりも、吉本さんの本をこれからどう作るか、それを考えたほうがいい。何ができるかというと、じつは一つ目は、もう一冊、作らないといけないと考えてきた本があったのです。

それは、三十数年にわたって行なってきた宮沢賢治についての全講演を、一冊にまとめるという仕事です。吉本さんは、青年期から強い影響を受けてきた宮沢賢治について、機会あるごとに語り続けてきました。その時々の関心の深化と拡大によって、次々と切実なテーマが語られ、それによって宮沢賢治像は年代ごとに重層化していったといっていい。そうした著者の三十数年に及んだ賢治に関する都合十一回ほどの講演のすべてを収録するという試みです。以前、筑摩書房の近代詩人選の一冊として刊行された『宮沢賢治』（現在、ちくま文庫）と並ぶような、話し言葉でなされた賢治論をつくること。書き下ろしの『宮沢賢治』に、今回の講演集『宮沢賢治の世界』を加えることで、吉本さんによって捉えられた賢治の全体像がはじめて得られるだろう。この本は、文字通り愉楽を感じながら話された賢治論集成であり、それを読む私たちも愉楽にいざなわれていく。

生前中に刊行の内諾は得ていたのですが、遅れたのはもっぱらぼく自身の怠慢です。でも天の吉本さんにお届けしても、決して恥ずかしくない仕事にしたいと考えています。ぜひとも早い機会に実現し、そして吉本さんの代表作のひとつ、と言ってもらえるような仕事になるようにと思っています（これはのちに筑摩選書の一冊として『宮沢賢治の世界』というタイトルで、わたしの「編集後記」八ページを付して、二〇一二年八月十五日に刊行された）。

（＊2）二〇一二年三月二十七日、「朝日新聞」掲載の文章。なお、『飢餓陣営』が入手した限りでの追悼文あるいは追悼号、単行本などの関連文献は、次の通りである。
【新聞】●三月十七日：鹿島茂「読売夕刊」●三月十九日：高橋源一郎「朝日」●三月二十日：北川透「西日本」、内田樹・三浦雅士「読売」、加藤典洋「秋田さきがけ」●三月二十一日：北川透「毎日」、●四月十六日：石関善次郎「熊本日日」
【書評紙】●四月六日：大塚英志・宮台真司対談「週刊読書人」、●四月十四日：橋爪大三郎・笠井潔・山城むつみ・最首悟・丹生谷貴志・月村敏行・神山睦美・粟津則雄・三上治ほか「図書新聞」。（詳細はウェブサイト「吉本隆明網」を参照のこと）
【月刊誌・雑誌など】●『現代詩手帖』（追悼総特集）：岡井隆＋北川透＋野村喜和夫。橋爪大三郎＋瀬尾育生＋水無田気流。齋藤愼爾＋勢古浩爾。神山睦美、添田馨、村瀬学、倉田比羽子ほか多数。●『創』五、六月号（創出版）：大塚英志。●『群像』五月号：三浦雅士・竹田青嗣・大澤眞幸・山城むつみ。●『新潮』五月号：中沢新一・加藤典洋・松浦寿輝・福島亮大。●『ユリイカ』五月号：辻井喬・北川透・瀬尾育生・水無田気流。●『Ｍｙａｋｕ』12（脈発行所）：三上治・比嘉加津夫ほか。●『ＫＡＷＡＤＥ夢ムック　さよなら吉本隆明』（河出書房・五月）：よしもとばなな・瀬尾育生・加藤典洋・中沢新一・中島岳志・大澤眞幸・鹿島茂・齋藤愼爾ほか。●『情況』八月別冊（情況出版）：小嵐九八郎、上村武男、高橋順一ほか。
【単行本など】●五月：橋爪大三郎『永遠の吉本隆明［増補版］』（洋泉社・新書ｙ）が、追悼文五本と「三島由紀夫と吉本隆明」（初出は『樹が陣営』三十二号）を加え、増補版として再版。●六月：村瀬学『次の時代のための吉本隆明の読み方』が「共同幻想論の中核のイメージ」（『樹が陣営』二十五号）と「吉本隆明における『信』と『知』の調べ」（『現代詩手帖』一九八六年十二月臨時増刊号）を加え、言視舎より増補版として再版（飢餓陣営叢書1）。●八月：瀬尾育生『吉本隆明と「望みなきとき」のわたしたち』（言視舎、飢餓陣営叢書2）。

▼吉本著作のタイトルと「革命性」

二つ目は、ここでは、ぼくが三十代の中盤から後半までのころの、吉本さんとの本づくりの問題を語ること。それが、一般読者の方には、直接には見えない吉本さんを紹介することになると思うのです。

人間には、人生の節目といってよい時期があるようで、三十代が自分にとってのひとつの節目だったと思います。第二章まで話したような、それまで自分がやってきた仕事ができにくくなっていたのです。企画が通らなくなっていく。そして、そのなかで、ようやく悩みながら、学校、子ども、家族といった新しいテーマを見つけ、それを同世代の著者たちとの仕事を中心にしていくようになるのですが、その辺については次回にまわしたいと思います。

それで、なぜ企画が通らないか。たとえばいい本とは何かと問われたとき、ぼくは色々ないい方をしてきたけれど、逆に自分が一番言われてきたことは、「いい本とは売れた本のことだ」ということです。たしかに「売れる本がいい本だ」ということは、一面の真実です。一面の真実、つまり必要条件ではあるかもしれないけれど、十分条件ではない。ぼくは必要十分条件の本を作りたい。そういうふうに言ってきたんです。

すると今度は、「小川のつくる本は、そもそも必要条件を欠いているじゃないか」と言われる。「自分ではいい本だ、と思っているかもしれないけれど、読者がそう思っていないなら、それはだめだ。いい本ではない。所詮、売れていないんだから」。そう言われたときは、少しだけギャフンとなったし、社員編集者時代、売れる・売れないという点だけでいえば、まちがいなくぼくは、最後まで勝つことはできなかった。生涯一編集者というより、生涯「負け」編集者でしかなかった。勝てないことは自分でもわかっていたから、会社での遇され方にたいしてもそう不満はなかった。はっきり言えば、そんなことはどうでもいいわけです。問題は著者との関係においてなにができるかなんで、編集者としてそれがしっかりとできれば、あとはもって瞑すべしでしょう。そして曲がりなりにもぼくは、著者との関係はできた、と考えているわけです。

吉本さんは「小さい会社だからこそ、著者の一番いい原稿を貰うんだ」と教えてくれたし、ぼくはその通りのことをやってきました。そんなことを著者の前で平気で口にする編集者は他にはいないでしょうから、ぼくは生意気な若造だったということになるんですけど、一番いい原稿をもらうことでしか、ぼくには編集者として生きていく道はなかった。だからこの点に関しては、わたしは吉本さんにたいしても遠慮はしないつもりですよ、と吉本さんご自身にも言ったところがあるんです（笑）。

もう一つは、今回、誰もが追悼文のなかで、『言語にとって美とはなにか』『共同幻想論』『心的現象論』の三冊が、吉本さんの主著だと指摘していると思うんです。ぼくは前の二著は読んでいますが、どうしても『心的現象論』は難しくてよく分からなくて最後まで読みとおせなかったという、そういう事情があったからかもしれないですが、皆さんがなぜ言わないのかと不思議に思うのは、本のタイトルについてなんです。吉本さんの著書は、その時代の最先端の課題やもっとも時代のテーマとなっていることを、ビシッと言い表わしている。そういうタイトルです。

一九五九年、『芸術的抵抗と挫折』（未来社）という戦前の転向問題との闘いにおけるタイトル。六〇年代の著作に『異端と正系』（六〇年、現代思潮社）、『擬制の終焉』（六二年、現代思潮社）と付けたときの安保後の思想情況と吉本さんの闘い方。そして六〇年代の半ばになって『模写と鏡』（六四年、春秋社）があり、後半は『自立の思想的拠点』（六六年、徳間書店）となって、思想的立場がいっそう明確になっていく。八〇年代は『「反核」異論』（八二年、深夜叢書社）であり、『重層的な非決定へ』（八五年、大和書房）がつづき、『マス・イメージ論』（八四年、福武書店）、八〇年代から九〇年代に入ると『ハイ・イメージ論』（福武書店）。

そう並べてみると、思想の最先端を、吉本さんはすべて本のタイトルとして表現してきた。これは、糸井重里さんも負けてしまうくらいのコピーライティングです。加えて、その時々の思想の内容をどう理解してもらうか、タイトルも重要な役割を担っている。そういう点にも吉本さんの凄さがあったと思うのです。タイトルに関して興味をあまり示さない著者がいることを考えますと吉本さんの偉さがわかります。

もう一方では、多数を恃んだ闘いはダメだ、人と徒党を組んでいるかぎりは弱い。三人より二人、二人より一人のほうが強い。その考えも、最後まで曲げなかった。ある人が言ったんだけど、吉本隆明は革命家として死んだ、大衆に迎合し、資本主義を肯定したのではない、革命家として死んだのだ、という。この言い方は確かにそうだな、とぼくも思います。本のタイトルの付け方においても、一人で闘う革命家としてその時代の思想をどう伝えるか、ということがよく現われている。編集者だから余計にそのことを感じるのかもしれないけれど、この点が指摘されないのが不思議でしようがないですね。

ぼくは六六年の『自立の思想的拠点』から読み始めて、まさに時代の真っただ中で、吉本さんを追いかけるように読んできました。団塊の世代の多くは、そうだったと思うのです。ところがあるところから、団塊の世代のある部分が、吉本さんに振り切られていく。ここは大事な点で、ぼくも例外ではありません。『マス・イメージ論』や『ハイ・イメージ論』の時期とか、あるいはサブカルをどう評価するか、八〇年代バブル以降の消費社会の大衆の欲望をどう肯定するか。あのへんから吉本さんは、それまでの独立左翼的な立場を前面に出すのではなく、高度になる消費社会を分析しつつも、大衆という生活者が豊かになるのはいいことである、という考えだけは一貫して手放さなかったのです。

たとえばこんな指摘があります。

労働者と資本が対立したら労働者を支援する。しかし組織労働者と一般大衆・生活者の間に利害の激しい対立が生じた場面では、断固として労働者ではなく、一般大衆・生活者を支援することが正しい。これが左翼思想の究極の姿だと述べているんです。ここが最も重要で、さっき「革命家」と言いましたが、革命の目的とは何かというと、この、生活者が豊かになっていくということ、それ以外ではないわけです。この点を、それぞれの時代に応じた形で思想の中心課題にしないといけないのに、それを認めることは反動だとか、大衆へのおもねりなんだといった、先ほどの姜尚中のような馬鹿げた発想が、いまだに抜き難く残っている。ぼくにはむしろそれこそ反動だろうと思うんです。ほんとうは姜尚中のほうが、とっくに吉本さんに振り切られているんです。本人が分かっていないだけで。

もうひとつ付け加えておけば、「『在日』のしがない大学生」（本人いわく）が、東大教授になることはいいことだ、と吉本さんならおっしゃるはずです。大衆が豊かになることがいいのと同じようにです。ただ、もうひとつ付け加えるはずです。東大教授になることはいいことだが、東大教授だからといって偉いとか立派なことだとはちっとも思わない、と。このことの意味がわからない、ぴんと来ないという人は、吉本隆明には縁なき衆生でしょうね。『最後の親鸞』に「非知に着地する」ということばがありますが、知識があることはいいことだとおもっている人間のなんと多いことか。追悼文で吉本さんを批判した比較的若い世代は、皆この手の人間ですね。頭がいいことがナンボのものと思い込んでいる人間には、吉本さんの本当の良さなんてどうでもいいのでしょう。くさすことで自分を高くみせたいだけですから。アホとしか言いようがありません。

少々脱線しかけていますが（笑）、時代の最先端の思想の課題を、本のタイトルとしてビシッと言い表わしてきたこと。思想の感度といいますか、まずこのことを、本を作ることを職業としてきたものとして言っておきたいですね。

▼『吉本隆明全集撰』に仕掛けたこと

さて、ぼくが作った吉本さんの本は色々あるのですが、最初は一九七八年の『戦後詩史論』であることはすでに語りました。大和書房時代は、それから『源氏物語論』（一九八二年）、『重層的な非決定へ』（一九八五年）とつづくわけですが、追悼という意味で、ここでどうしても語っておかなくてはならないのは、八六年から刊行が開始される『吉本隆明全集撰』(＊3)についてだろうと思います。

当時、勁草書房の『吉本隆明全著作集』全十五巻は完結し、新たに始まった『吉本隆明全著作集(続)』は、全十五巻のうち三巻で中断していました。結局、そこで終わってしまうんですが、この『全集撰』にかんしても、全七巻、別巻一、という構成になっていたのですが、全七巻のうちの第二巻と別巻を出すことができなかった。これも途中で挫折したのです。すると、知ったかぶりをしたい奴やオッチョコチョイは、吉本は〝壊し屋〟じゃないか。必ず途中で企画を壊しているじゃないか。そういうことを言いたがる人間が、必ず出てくるんです。たとえば、一九九〇年十月三十一日付けの産経新聞コラム「斜断機」は「気になる吉本隆明氏の〝中断〟の理由」という記事を載せている。

《それにしても、吉本隆明という人はどうも中断がお好きらしい。勁草書房の『吉本隆明全著作集(続)』は三冊がでただけで、もう十年も中断したままだし、そのあとに出始めた大和書房の『吉本隆明全集撰』は、全七巻と別巻の内容まで予告されながら、二冊が未完のままになっている。

中断のケースがこうも頻繁なのは、ちょっと異常ではないか。そこで、いろいろ憶測や噂が流れるが、読者が欲しいのはそんなものではなく、むろん誰も吉本が中断好きだなどと考えていない。》

《吉本の仕事の中断については、メディアにこそ情報責任がある。福武書店「海燕」編集部、勁草書房編集部、大和書房編集部は、中断をほったらかしにしたまま頬かぶりを決め込まないで、きっちりと情報を読者に提供すべきではないか。》

こういう内容である。

退職した関係で、言う場所がなかったとはいいません。ぼくもあきらかにしておきたかったのでのです。だが、できませんでした。聞いてもらえばすぐ説明できたのですが、だれも聞いてこなかったのです。

ぼく自身は全著作集（続）の中断の事情は、直接、吉本さんからお聞きしていますが、他社のことだからここでは何も言いません。ただ、いろいろな事情はあったし、もしそのあたりのことを書こうと考えている人がいるなら、きちんと調べてから書いたほうがいいと思います。中途半端な知ったかぶりが一番いけないのです。

『全集撰』について言えば、吉本さんはぼくに、著者一番の仕事をもらうように言っていたわけですが、じゃあ、ぼくにはなにかできるのか。まず、単行本未収録の原稿がけっこうあった。それを本にしないといけない。なんとか未収録原稿を入れた著作集のようなものはできないか。八〇年代のあのバブルのころは、思想書のような硬い本が急激に売れなくなっていく時代だったから、作品を単に集めただけではだめだろう。読者に届く本にしていくためには、相当考えた仕掛けが必要だろうと思ったので、吉本さんに、どんなふうにすればよいと思いますかと尋ねると、吉本さんはこうおっしゃった。

現在――というのは一九八五年前後のことですが――、「全集」の企画は、他の出版社を見ても、すでに終わりつつある。それでもなおかつ、全集とか著作集という形をとろうとするならば、十五巻、二十巻と出すことは、もはやほとんど意味がない。そんな全集を買ってくれる読者はもう存在しない。じゃあ読者が、この本は買わないといけない、とどこで思うか。そのことを考えない企画というものはあり得ない。すると、最大で七巻くらい。その七巻のうちで、現在の著者の思いをどう伝えていくか、よくよく考えることが必要だろう。そうおっしゃったのです。

そこでぼくが考えたのは、まず、吉本隆明という〝著者の現在進行形〟を、全集というかたちにできないか、ということでした。ただし全七巻で全集とするには、器としては小さすぎる。選集としてしまうと、従来からよくあるパターンだし、「選集」という言葉もありきたりで面白くない。全集だけれども、意図的に著者が選んだというかたちで、自選としての全集撰にしたらどうか。そうやって外側のスタイルから決めていったのです。

現在、著者にとってもっとも愛着を感じられるもので、著者の〝いま〟が投影され、現在進行的でもある内容を厳選する。そういう編集方針をとらないとだめだろう。そして一回一回の巻には、単行本未収録の作品、あるいは書き下ろし作品を必ず加える。読者にとっても、これを買うことで得をしたなと思ってもらえるような工夫ですね。それまでの全集や選集といえば、編集者が作品を選び、著者はそれにたいして、これでいいとか、これではだめだとか、事後的にいうだけだった。そうではなく、こちらのリストにたいして吉本さん自身が、これはいらない、これはいる、これを新たに入れよう。そうやって話し合ったことを、明確に打ち出していった。

それからジャンル別・テーマ別に収録する。それまで読まれてきた本も、新たな一巻の中で再構成されるわけです。初期の作品も、新たな読み方ができるかもしれない。そして月報を付けるんですが、〝ご挨拶〟の月報にはせず、それを舞台に吉本さんの書き下ろしとなる原稿を連載していく。完結した際には、一冊の単行本となる仕掛けです。この執筆にもずいぶん苦労されたようですが、後に単行本になる『甦るヴェイユ』がこれですね。ここまでやって初めて「全集撰」として、新しいイメージが出せるのではないか。

第六巻「古典」には『海』（中央公論社）に書いていて、頓挫していた「西行論」を新たに完成させて入れることにしたのですが、そのためには「僧形論」「武門論」に続く残りの「歌人論」を完成させないといけない。それから第二巻「文学」には——これは九〇〇ページから一〇〇〇ページという分厚い巻になるけれども——、一五〇枚の書き下ろしの新稿として「二人の村上」を加えよう。村上龍論と村上春樹論ですね。これがこの巻の最大の山場になる。

それから第七巻には、『海燕』に「ハイ・イメージ論」を三年ほど連載していたのですが、版元の福武書店から単行本になる前に、半分を全集撰に入れよう。そして第一巻の「詩集」は、完全に自選詩集にし、「新詩集以後」と銘打って、単行本未収録の作品も加える。第三巻「政治思想」には、一九八六年十二月にパリで開催されるポンピドー・センター・日本展目録に、フランス語で掲載される予定の元になった三十枚ほどの「文学者と戦争責任について」という原稿を、これは日本語としては未発表のものですが、その日本語原文を収録する。第四巻「思想家論」では単行本未収録の『國文学』に十回にわたって連載された「柳田国男論」をはじめて収録する。第五巻「宗教」は新約書・親鸞・天皇制に関しての論考を収録することになった。なかなか魅力的な内容です。

書き下ろし作品、未収録作品、読者には未知のこうした原稿を各巻に加えて、初めてうまくいくだろう。そこまで吉本さんは考えていたわけです。「全集撰」の刊行前に、宣伝用の栞を作ったのですが、「著者のことば」として、こんなことが書かれています。(＊4)

生きてる物書きの書いたものを選別して集めるとすれば、どうしても生きてる現在を中心にして、そこに集約するように過去と未来を配列しなくては意味がない。それ以外のやり方がいいのは、死んじまったあとで他人が勝手にやるか、または仕事を完成して生きたまま死に体になった物書きのばあいだとおもう。幸か不幸かわたしは現在その何れでもない物書きだとおもっている。そこでこの全体からの撰に、じぶんの考えている現在をできるだけ投影したいとかんがえた。ここにはわたしの眼に視える過去と眼に視えない未来の全体が、超高速の遠心分離器にかけられて、分離されている。読者がそれらを視られること、またそれを視られる読者と出遭うことが、わたしの切実な望みである。

ここで言われているように、「わたしの眼に視える過去と眼に視えない未来の全体が、超高速の遠心分離器にかけられて、分離されている。読者がそれらを視られること、またそれを視られる読者と出遭うことが、わたしの切実な望みである」と述べたとき、吉本さんの現在がどういうところを見ていたか、端的に現われていると思います。このとき吉本さんは六十二歳ですが、そうとう力の入った仕事だったと思います。

しかし先ほど言った「文学」の巻の「二人の村上」の書き下ろしのところで、かなり苦戦していました。村上龍にたいしても、村上春樹にたいしても、それまで何本か原稿を書いているのですが(*5)、これまでに書いたものは除く。二人の共通点をテーマにして書き下ろす。それができなければ、この巻は出す意味がない。そうおっしゃっていました。『戦後詩史論』のときも、「修辞的な現在」を書き終えることができなければ本として出す意味がない、といってねばり続けたことと同じですね。

ぼくのほうは、すでに書かれている村上龍論と村上春樹論を合わせて、妥協してもいいんじゃないか、ふつうの評論集の作り方をしてまとめてしまいませんか、と少し思ったのです（笑）。早く出したいですからね。そして完結したいからですね。でも吉本さんは、いやそうじゃない、つじつま合わせのようなことはしたくない、ここは書き下ろしでないといけないと、がんとして言われたのです。そこで大変な時間がかかってしまった。

そうこうしている間に、ぼくが大和書房を退社するということになってしまった。そのために、結局企画が完結できなかったのです。会社のほうでは、最後までこの企画は進めていきたい、一巻欠けるとセット売りができないし、図書館その他にも販売促進をかけられなくなる、だから進めたいという。ぼくはほかの会社に行くことになっていたから、前の会社はＯＫだったとしても、別の会社に属しながらアルバイトとしてこの企画をつづけることは、いくらなんでもできないと思った。ぼくなしでの続行も考えられるわけですが、そうはならなかった。

あるとき吉本さんに、小川さんはどう思っているのか、と訊かれたのです。ぼくは、ほかの会社で二足のわらじをはいたような仕事をすることは、裏切り行為にも等しいと思うから、ぼくにはできません、と答えたのです。すると吉本さんは、分かった、小川さんがそう言うなら、この企画はなかったことにしましょう。小川さんあっての企画だから。そう言ったのです。

これは、ぼくの個人的な我が儘だったのですが、諸般の社内事情があり、これ以上、我が身を持ちこたえることができなくなっていた。そのために、もはや退社するしかない。しっかりと完結できていれば、これまでのやり方とは違った、新しい試みとしての全集撰になっていた。返す返すも残念だし、吉本さんにも申し訳なかったと思います。

このとき吉本さんが、出処進退の問題は、本人以外の誰も決めるわけにはいかない。小川さんが自分の意思で決めたのだから、それに自分は従うと言ってくだったときには、嬉しいという言葉では表せないほど嬉しかったです。編集者のメンツなんかつぶしてでも自分の本だけは出したい、という著者は山のようにいると思うんですが、ご自身にとってここまで重要な企画が潰れることになっても編集者の言い分を聞いてくれた吉本隆明という人の大きさは、類がないと言っていいのではないでしょうか。

このとき単行本未収録とされていた作品は、いまではほとんど文庫で読むことができます。とくに「西行論」は、西行の歌の引用をなにに依拠するか、校訂の厳密をどう期すかで大変苦労の多い巻だったのですが、ぼくが退社する直前に、あっという間に文庫化されてしまったといういわくつきの一冊です。文庫になって二十年以上たっていると思いますが、まだ版を重ねて現役として残っているという珍しい本です。

校訂について言えば、最初、「歌人論」を雑誌『短歌』に発表したとき、なにに典拠するかという問題があったのですが、初出の論文末尾に「西行歌の歌番号は渡辺保『西行山家集全注解』の番号に拠った」と書かれています。こんどの『全集撰』の古典では、『西行全集　久保田淳編』（日本古典文学会刊行）に拠ることにし、歌をコピーして貼りつけていって、ぼくが校訂をしました。[*6] 異本があるときはそちらから採っている、と註をつけたりしたのですが、ぼくは国文の専攻ではないし、まして専門家でもない。校訂に関してのアカデミックな訓練を受けたわけでもないので、なかなかしんどい作業でした。

普通、学者とちがって、文芸評論家と称する人でもそこまでやる人は少ないんですけれども、吉本さんの「西行論」は厳密にやったのです。この点でいっても、ぼくの手で単行本にしたかったな、という思いは今もあります。

(＊3)全巻の構成は「第一巻　詩集［全詩撰］」「第二巻　文学」「第三巻　政治思想」「第四巻　思想家」「第五巻　宗教」「第六巻　古典」「第七巻　イメージ論」「別巻　川上春雄責任編集　年譜（書き下し）、著作目録　参考文献一覧（解題つき）他」となっている。

(＊4)またこの「著者のことば」のあと、「『全集撰』第六巻のためのあとがき」に次のように記されていることが目を引く。

「(前略)／第四巻「思想家」のところで、じぶんは単行本になってなかった柳田国男論だけが読みたかったので、すでに以前に刊行され、読んだこともある丸山真男論やマルクス論を一冊の本のなかで買うつもりはないので、不都合な感じになったという読者がいた。この巻でもじぶんは単行本になっていない西行論だけが読みたいのだという読者の反響があるかもしれない。しかしわたしも、刊行者も、そんな共時態至上主義に挑戦して、一著作家の現在の著作は、通時的にみるとき、またまったく違う側面を現わすものだということを、この『全集撰』の企てによって、ひそかに主張しているのだということを知っていただきたい。それはわたしたちが同時に、旧来の死に体である『全集』や『選集』の企てに挑戦しているのと、まったく同じ意味をもっているのだ。／(後略)」

この時代、吉本氏がここまで自著の「見せ方・見え方」にたいして意図的、自覚的に考え、実践していたことを、今回初めて気づかされた。『試行』の編集・発行者ならではの編集のセンスであるとも言えるが、すると『試行』創刊にあたって、読者の定期購読で発行を支え、読者の自発的寄稿で紙面を支える、このことで商業出版から自立した媒体としてやっていくんだ、といういわゆる「自立誌」の編集・発行のスタイルがどのように決められていったのか。かりに吉本氏の主導によるものだったとすれば、他の同人の村上一郎、谷川雁の二氏がどのような反応を示したのか、どんな話し合いがなされたのか、改めて関心を強くするところである。

（＊5）「二人の村上」は結局、陽の目を見ることがなかった。なお、『飢餓陣営』が調べたかぎりで両村上氏について触れた吉本氏の文章は、以下の通り。

『新書物の解体学』（メタローグ、一九九二年）の書評、『現在はどこにあるか』（新潮社、一九九四年）収録の文芸時評、『余裕のない日本を考える』（コスモの本、一九九五年）の、江藤淳氏との対話「作家が現在に残したもの」、『埴谷雄高・吉本隆明の世界』（齋藤愼爾責任編集、朝日出版社、一九九六年）所収「文学の戦後と現在――三島由紀夫から村上春樹、村上龍まで」（一九九六年二月）などがある。

（＊6）西行歌の引用の経緯については、『全集撰』の「解題」における川上春雄の文章を参照した。

▼川上春雄の「年譜」について

もう一つ、「別巻」がこの全集撰の大きなポイントでした。川上春雄さんが全巻に解題を付けているのですが、この企画を吉本さんにもっていくとき、川上さんとも綿密に相談したり、三人で何度か打ち合わせをしたりして、別巻について決めたのです。

川上さんは、ずっと初期のころから吉本さんの書いたものを集めたり、事実関係を調査して年譜を作成したりしてきているわけですが、川上さんの年譜は、単行本としては残っていないのです。彼の調査はすごくて、本当に徹底しています。それでも活字として残っているのは、『現代詩手帖』

の増刊号に収録されたものですが、(*7)これは「読む年譜」です。それを最後まで書き込んでもらって、別巻として独立させようと考えたのです。それから「著作目録」も入れる予定でしたが、そこには吉本さんの科学論文も入れよう。それから詳細な「参考文献一覧」およびその「解説」も付けよう。ここまでできれば、画期的な仕事になるかもしれないと思っていたのですが、中断したまま、川上さんも二〇〇一年に七十八歳でお亡くなりになってしまった。(*8)

現在、川上さんの「読む年譜」の衣鉢を継いでいるのが、高橋忠義さんです。(*9)年譜や書誌的な仕事は、新資料が出たりするから後から続く人が有利ですが、何人かで補いながら、より完全な形にしていく。そうやって引き継がれていく仕事ですね。川上さんの仕事を刊行できなかったことも、きわめて残念なことでしたね。

川上さんの仕事について補足しておくと、吉本さんの『初期ノート』を試行出版部から出すわけですが、その資料の多くは彼が発掘したものです。吉本さんが書いたことを忘れていたり、ないだろうとあきらめていたりしていたものを発見してくるのが、川上さんですね。

川上さんの出発点は詩人なのですが、吉本さんと出会って、自分は裏方に回っていくと決めていったところがあったのではないかな、と思うのですね。書誌家は、対象とする存在が小さければ、自分の仕事も小さいままで終わってしまう。対象が大きければ大きいほど、それによって自分が鍛えられていく、ということがあるのでしょうね。川上さんは、大変な仕事をなさったと思います。

年譜作成の重要さは改めていうまでもないでしょうが、今回の追悼文でも事実誤認が見られました。細かなことですが、例えば、吉本さんが眼帯をした幼女に「絵本」を読んでいる写真があった、と書いている高橋源一郎の追悼文がありましたけれど、「絵本」ではなく「タイガーマスク」の漫画ですね（磯田光一『吉本隆明論』審美社刊　口絵参照のこと）。それから六〇年の、六月十五日に国会で集会を開いたさい、機動隊に追われ、逃げた場所が「首相官邸」だったと書いているのが、毎日新聞の大井浩一記者による記事です。これはたいへんな間違いで、正しくは「警視庁」ですね。「首相官邸」なら逃げ込むではなく突入となるはずで、なんら問題にはならない。「警視庁」だったから、大岡昇平が、『「反核」異論』以降に、『二つの同時代史』で、くさすためだけにデマゴギーで述べたてたことで、以後、吉本さんとの激しい応酬に発展する布石になるからこそ、正確でなければならないのです。どうしたんですか、大井さんと言いたいところです。

こういうことはちょっと調べればわかることですが、手間をおしむとちょっとした違いが生じ、そちらのほうが事実として通るようになったりすることがあります。毎日新聞や記者本人の悪口を言いたいのではなく、小さなことだけれども、こうしたことは一つ一つ訂正していかないといけないな、と思いました。

同時代人なら誰も知っていて、当然だったことも、時代が下ると忘れられ、違った事実となって記憶されてしまう。あるいは場合によっては、意図的に変えられてしまう。そういうことはあるわけです。間違った記載を、後の人間は確かめないまま踏襲していく。そういうこともよくあることですから、留意しなければなりません。もちろんこれは自戒を込めてのことばです。

——（＊7）『現代詩手帖』臨時増刊「吉本隆明」臨時増刊1（思潮社、一九七二年）所収の「年代抄1925～

1972」のこと。また『現代詩手帖』12月臨時増刊2「吉本隆明と〈現在〉」(同、一九八六)には、川上春雄編「年代抄Ⅱ」として「1. 著書のすべて」「2. 吉本隆明論集成」が収録されている。さらに『現代詩手帖』「追悼総頁特集　吉本隆明」(同、二〇一二年五月号)には、同誌の一九六二年五月号に発表された「吉本隆明年譜断片」が再録されている。

(＊8)『document 吉本隆明』1(弓立社、二〇〇二年二月)に、【追悼・川上春雄さん】というコーナーが設けられており、兼子利光、間宮幹彦両氏による「川上春雄年譜」と宮下和夫氏の文章、吉本氏の「川上春雄さんを悼む」(初出は『ちくま』二〇〇一年)が掲載されている。また同誌によれば、岡田幸文氏発行の詩の新聞「ミッドナイト・プレス」で「追悼・川上春雄」という特集を組んでおり、吉本、間宮、兼子の各氏が追悼文を寄せている、と書かれている。

この『document 吉本隆明』の「川上春雄年譜」より、川上氏の葬儀で読み上げられたという、吉本氏の弔電を引用させていただく。

「川上春雄さん、さようなら。川上春雄さん、永い永い間お世話になりました。私の文筆の仕事は、あなたの援助なしに成り立たないものでした。哀しみと感謝の言葉が同時でしかない不甲斐なさを恥ずかしく思います。お別れを心から致します。吉本隆明」

(＊9)『現代詩手帖臨時増刊Ⅲ　吉本隆明入門』(齋藤愼爾編集・思潮社、二〇〇三年)に、高橋氏の手になる「吉本隆明年譜 [1972~2003]」と「吉本隆明書誌」が掲載されており、年譜の冒頭に「(略) 川上春雄が作成した年譜「年代抄 1925~1972」を引き継ぐものである」との記載がみられる。

▼『「反核」異論』と「反原発」異論について

それから次は、『重層的な非決定へ』ですね。文字通り、あることを決定することができにくくなっている時代だった。安易な決定や決断、きめつけは危険であるし、時代もそれを許さない。そんな時に付けられたタイトルですね。このときは『「反核」異論』(深夜叢書社、一九八二年)のあとで、その後半戦のような、埴谷雄高さんとの論争が起きた直後でした。

六〇年安保のあと、吉本さんはすべてのメディアからパージされることを覚悟して、自分の拠って立つ場として『試行』を創刊した。反核のときも、世の中みな敵状態でした。あの反核運動は、ソ連の核兵器には異を唱えない。なぜなのか。「反核声明」を絶対的に正しいように言っているけれど、反ソにはなれないこと、そこが限界じゃないか。ポーランドの連帯を潰すための政治的な動きを隠蔽することが「反核運動」の本質であり、なぜそのことを日本の〝進歩派〟言論人は見逃すのか、なぜなにも発言しないのか。それが吉本さんの議論の中心だった。でもそちらを伏せたまま、正義の「反核運動」に反対する反動のごとく批判されるわけです。

今回の「反原発」にたいする論議も、これに類したところがありますね。事故の巨大な被害を背景に、「原発反対」という論議には誰ひとりとして反論ができない——いっとき、そうした空気がとても強くなっていましたね。そのような渦中で、まず吉本さんは、一人、敢然と異を唱えた。太平洋戦争のときにもそうやって、だれも反対できない空気がつくられ、その中で戦争に突っこんで行ったじゃないか。同じことを、またやるつもりなのかと思っていただろうと思うのですね。

『週刊新潮』の記事をきちんと読むと分かるのですが、「原発を推進しろ」などとは一言も言っていません。むしろ「経済的な利益から原発を推進したいという考え方にも私は与しない」とはっきり述べている。「反原発」もだめだし、「原発推進」もだめだ。どっちもだめだ。科学は必ず前に進んでいくもので、その進展を止めることは誰にもできない。それを止めようとすることは、人間のこれまでの文化や科学の歩みを全て否定することだし、それは人類の歴史そのものの否定に等しい。そう言っていますね。あの「『反原発』で猿になる！」というタイトルは、週刊誌編集者のつけたもの(*10)でキワモノ的ですけれども、でもあそこで言っている内容は、そういう、きわめてまっとうなことでしょう。

どうしたって、前に行くしかない。核開発をなかったことにしたり、後退させたりすることなどできない。めざすのは、今度の事故を乗り越えうる、核にたいするより安全で高度な技術を人類は会得していくしかないじゃないか。それ以外の解決のしかたはない。なかったことにすることなんかできないだろう。これが吉本さんの考えの基本ですね。こういう吉本さんの主張のどこが、科学信仰べったりで、「原発推進派」なんだ？　とぼくは思います。そう言っている連中は、いつもそうなのですが、わざと言っているんだと思いますけどね。ある種のデマゴーグでしょう。

『「反核」異論』のときのことに戻せば、あそこでお互いがともに理解者だった文学者たちと別れていきます。その最大の存在が、埴谷雄高さんです。あのとき、吉本さんは埴谷さんともその仲間とも別れ、「反核声明」に署名した作家たちをすべて批判した。ぶっ叩いたわけですね。埴谷さんはそれが面白くなかった。そして埴谷・吉本論争へと直結していく。吉本さんが買った新築の建て売り住宅の書斎にシャンデリアがついていることを取り上げ、ケチな嫌みを言い、コム・デ・ギャルソンの服を着て『アンアン』に登場した吉本さんを、資本主義のぼったくり商品を身にまとっている、と批判する。そして吉本さんは『試行』や『海燕』で反論し、このときの原稿が『重層的な非決定へ』に収録されるわけですが、この『「反核」異論』のときにも世の中のすべてを敵に回したばかりか、自分が信頼していった人間もすべて離れていった。吉本さんは孤立を恐れず、いつでもそんなふうにして自説を主張してきたひとです。他の人にはとても真似できません。

三浦和義氏の「疑惑の銃弾」のときも、被疑者にすぎない三浦氏を、ほとんど犯人同様の扱いをしてあらゆるマスコミは報じたてた。吉本さんは、それはおかしい。刑が確定するまでは、推定無罪の原則は貫かれなくてはならないのであり、報道も喝采する世論もおかしい。若き日から信頼してきた、あの鮎川信夫さんすらそうではなかったですね。マスコミには、一定程度疑惑のある人物を追及し、その是非を明らかにしていくという役割はあるんだ、という立場でした。しかし吉本さんは、それはマスコミのリンチに加担する立場と等しい、と批判し、あれほど信頼の厚かった二人は、晩年を喧嘩別れとなったまま過ごし、とうとう最後まで関係を修復できなかった。

オウム真理教の問題のときも、知識人のみならず、全日本国民からバッシングされてしまった。「オウムと麻原を潰せ」という空気に、国を挙げて流されていく。異論めいたことを少しでも言おうものなら、激しいバッシングにさらされかねない。しかし吉本さんはそれにはっきりと異を唱えた。このとき、とくに団塊の世代のある人たちが振り切られてしまったんじゃないでしょうか。これを境に、それまで吉本さんに影響を受けてきた、としてきた書き手たちが、批判を始めるようになる。ここでも喧嘩別れになってしまうわけです。悲しい現実です。

ぼくの空想ですが、もしお元気であれば、今回の陸山会事件での検事のでっち上げ調書や、マスコミの検察リークによる小沢一郎バッシングや、東京地裁の登石裁判長の判決——直接証拠がないのに、推認につぐ推認によって有罪にした判決ですね——などを取り上げ、批判しただろうと考えますね。刑事事件において推定有罪などはあってはならない、あくまで推定無罪の原則は貫かなくてはならない。それなのにマスコミはおろか、裁判所までポピュリズム的迎合に陥っている。そうおっしゃったはずです。

こんなふうにして、「反核」異論のときもオウム・サリン事件のときも、今回の「反・反原発」のときも、反論できない「空気」が強く醸成される。そういうときこそ率先して異を唱える。そうでないと、一方の側の議論だけになり、それじゃだめだ。そうやって一貫してやってきたのですね。

でも、実際に自分が世間や全マスコミのバッシングを覚悟で批判するということは、そうそう簡単にできることではないですね。ここに吉本さんの真骨頂がある。

（＊10）二〇一二年一月五・十二日新年特大号に掲載された「吉本隆明2時間インタビュー『反原発で猿になる！』」。ちなみに、本文インタビュー記事で「猿」という言葉が出てくるのは次の件のみである。前後の説明を省き、段落一つを引用する。

「それでも、恐怖心を100％取り除きたいと言うのなら、原発を完全に放棄する以外に方法はありません。それはどんな人でも分かっている。しかし、止めてしまったらどうなるか。恐怖感は消えるでしょうが、文明を発展させてきた長年の努力は水泡に帰してしまう。人類が培ってきた核開発の技術もすべて意味がなくなってしまう。それは人間が猿から別れて発達し、今日まで行ってきた営みを否定することと同じなんです」（p.62）

ここだけである。この一節から、先のタイトルコピーを導き出すホンヤク力。「人間が猿から別れて発達し、今日まで行ってきた営みを否定することと同じ」が「反原発で猿になる！」へ。さすがである。

▼菊地信義さんのブックデザインと『全集撰』

少し、ぼくが作ってきた吉本さんの本の、デザイン的な話をしましょうか。吉本さんの本の装丁は、ずっと菊地信義さんにお願いしてきました。

八〇年代当時のことを言えば、ぼくのほうはまだ三十代の後半でしたから、眼は大丈夫ですね。老眼になっていない。ところが吉本さんの読者は少しずつ年齢が上がっていて、そのとき「9ポ」と呼ばれていた活字で組んでいたんだけれども、読むのが辛くなってきたようなんです。いまの若い編集者は13Qという言い方をしますが、昔の文庫本は活版印刷の時代で、文字の大きさは8ポイント、単行本は9ポイントが普通でした。講談社が新しい文庫を立ち上げたとき、たしかに文字は大きくなってオフセットに変わったのですが、その版面というか、タイポグラフィーが美しくないなあ、率直にいえば汚いと感じたことを覚えています。それ以来、ぼくの第一綱領である「本と女房は美しくなければならない」を声高に公言し、顰蹙をかって現在に至っています（笑）。

それはそれとして、若い頃はそんな小さな活字でもなんでもないのだけれど、だんだん辛くなってきます。それなら少し文字を大きくしようと思ったのですが、文字を大きくすると、一ページに収録できる原稿枚数が減るわけです。

それで、「全集撰」を作る際、一冊の本に収録する原稿枚数を減らさないためにはどうすればいいかを考えた。まず全体のページ数を増やす。一冊、六〇〇ページから八〇〇ページのあいだで考える。「全集撰」の時には本文印刷は活版にこだわり、9ポイント活字ではなく、10ポ（10ポイントと

5号活字は微妙な違いがありますが、このあたりを語り合える編集者は現在ほとんどいませんね。興味もないみたいで、残念です）を使うことにしたから、一ページあたりに入る文字数は減り、ページが増え、その分定価が上がる。そこをどうクリアするか。

『全集撰』の装丁をやってくれたのは菊地信義さんでしたが、菊地さんに、10ポで組んでどう読みやすくするかを考えていただけますか、とお願いしました。すると菊地さんは、まず、この厚さからして、持って歩きながら、電車の中で読んだりするような本ではないだろう。そうなると机の上に置いて読む本になるから、それならば、版面（本文の組みなど、一ページ全体の視覚的印象）で、シロ（余白）の取り方を少なめにしても、本全体で考えると、それほど窮屈な印象は与えないだろう。余白を減らすことができれば、文字が大きくなっても収録枚数をキープすることができる。それで解消できると思うんだけれど、それでいいか小川さん、と訊かれました。なるほど、面白いアイデアですね。結構です、どこまで余白を残せばいいかはお任せします、というと、菊地さんが最終的に判断してくれました。

次は印刷の方法です。活版印刷の使い方をどう考えるか。カバーには「スミ（墨）」を一色使うんですが、「吉本隆明全集撰」という文字をオフセット印刷にして、ジャンル別の「全詩撰」「文学」「政治思想」「古典」……という文字をその下に組み合わせていく。この部分は活版印刷でやる。そうするとどんな効果が出るか。

活版は凸版ですから紙に圧力をかけます。紙は柔らかめのものを使っています。オフセットの場合は圧をかけていませんから刷ったあとに凹凸がまったくできませんが、活版は圧をかけていますから、紙が凹みます。すると刷り上がったときに触ってみると、でこぼこ感があるわけです。

こんなふうに、一つの表紙に同じスミ一色でオフセット印刷と活版印刷の二つをのせるのは、すごく贅沢な作り方なんです。普通の読者は気がつかないかもしれないけど、勘のいい人は、見た目の違いと手触りの違いに気づくはずなんです。装丁家や編集者は、一冊の本をつくるときに、そこまで考えているんだよということを、さりげなく込めているわけです。

もう一つ、面白いことをやっています。カバーを取ると本の表紙が出てくるわけですが、そこに「古典」とか「思想家」とか、インクを使わないまま、活版で刷っているんです。活版で刷るときには刷るべき版に油が薄く付いているので、インクではなくその油が圧をかけられると紙に染みていき、微妙な色の変化を起こすわけです。これらは当然、菊地さんのアイデアですが、さすがにここまでは、一般の読者は気づかなかったようです。何色で刷ったのですか、と勘のいい読者からひとつだけ反応がありましたが。

菊地さんは本当にアイデアの宝庫で、ぼくが一番驚いたのは、当時、本のカバーは四色で作るものだと教えられていて、それが当たり前だったのです。ところが菊地さんは、無駄なことはしないというのです。そして「スミ」一色でカバーを作ってしまったのが、『重層的な非決定へ』です。さすがにこれには、ぼくもびっくりしました。それからタイトルの上に「定価＝2、200円」と入っています。タイトルと著者名と定価とが並んでいるんですが、定価が一番上に刷られている。これを見たときには、ほんとうに驚きました。

それからこれも菊地さんが装丁した本ですが、吉本さんと栗本慎一郎さんの『相対幻論』（冬樹社、一九八三）がありますね。あのカバーも、これは本の装丁なんだろうかと驚くようなものです。企画書みたいな書式になっていて、「書名」の欄があり、「著者名」の欄が次にある。ここまではいいですね。ところがその次に「宣伝文」と続き、「オジサンたちも、怒っているばかりじゃいけない。……」とコピーが入っている。そして宣伝文制作者名が「糸井重里」。最後に「備考」欄があって、「……お買い上げ後は破棄願います」とか書いてある。これも菊地さんのアイデアですね。本の装丁というのは、かぎりなく色々なことができるんだ、ブックデザインとはこういうことなんだ、と思いました。

それから以降はなんでもありだということになり、日本の装丁界は、菊地さんがやったことを後追いし始めます。色数を少なくするとか、ボケ文字を使うといったタイポグラフィーへの工夫とか、著者の名前の下にローマ字を入れるとか、いろんな手法を真似ていくんですね。ぼくなんかから見ると、だれがどこを真似ているか、すぐに分かります。違いも分かります。似ていて非なりです。真似よりもオリジナリティのほうが強いのは当然ですからね。

ぼくはその後、菊地さんと、刷り色一色とか二色のカバーを、これでもかこれでもかと出し続けました。これはいまでも新鮮です。最近は他社でもようやくやるようになっていますが、はじめたのはわたしたちコンビなのですよ。

講談社から刊行された『装幀＝菊地信義の本』（一九九七年八月刊行）には、菊地さんの二十年の軌跡として一五〇〇点の装丁が収録されており、「吉本隆明さんの本」「古井由吉さんの本」のなかにまじって編集者としては二人取り上げられていますが、そのうちのひとりとして「小川哲生さんとの本」が見開きで入っています。すごく感激したことをおぼえています。現物を手にとってごらんになっていただければ、装丁の可能性に触れること請け合いです。

本や雑誌はもうだめだ、なくなる、とか言われていますが、本当ですかね。装丁家やブックデザイナーのアイデアに、終わりはないでしょう。一冊の本や雑誌という媒体の中で、書き手の書くべきテーマや、それを表現する技術や方法の工夫も、なくならないでしょう。編集だって、縦のものを横にするだけでなく、まだやれることはいくらでもあるはずです。確かに主流は電子メディアに移るかもしれないし、これまでのような「商業出版」は、成り立ちにくくなっていくかもしれません。それは否定しませんが、紙媒体はもうだめだ、なくなる、と簡単に口にする人間は、いま言ったようなことをどこまで本気で考えているのか、ぼくには疑問です。気にいらないですね。

▼自分にとって印象に残る吉本本

大和書房時代の『戦後詩史論』から始まって、社員編集者をやめてからの洋泉社の『完本 情況への発言』と筑摩選書『宮沢賢治の世界』まで、共著や増補版も入れると、吉本さんの本は三十冊近く作ったことになります。(＊11)

正確に数えますと、大和書房時代の十一冊、ＪＩＣＣ（宝島社）時代の五冊、そして洋泉社時代の十一冊、社員編集者をやめてからの二冊で、重複まであわせて全部で三十冊になります。それが多いか少ないかは一概には言えませんが、『言語にとって美とはなにか』や『共同幻想論』『心的現象論』といったいわゆる主著は、手がけていません。

全集撰といったものを除けば、『追悼私記』や『背景の記憶』といったもののほうに、より愛着を感じてしまう傾向がぼくにはあるようです。どちらも書き下ろしではなく、その時々に書かれたものですが、明確な意図をもって再編集すると、あたかも、最初から書き下ろされたかののような貌を呈するから不思議でなりません。

かつてぼくは『追悼私記』の刊行にあわせて、つぎのように述べたことがあります。

本書は追悼文のみを集成したものであります。今まで、追悼文を集成したものは、皆無とはいわないまでも、意外と数少ないことに気づきます。編集者であれば誰もが、いちどは考えたはずのものですが、そして雑誌であれば、追悼号というのは、ことあるたびに刊行されているのに、なかなか書籍という形ではないことにある種の不思議さを感じざるを得ません。

それならば私がそのような本をつくってみようと思ったのは、「究極の人間論は追悼文にあり」という思いをずうっと抱いてきたからにほかなりません。

ひとりの人間の生涯を、その死を契機にして、凝縮した形で、しかも短時日のうちに仕上げる、いわば、即興の芸ともいうべきものを追悼文は求められるからです。そしてそれは亡くなった人の姿とともに書き手の等身大の姿をも直截に映していると考えられるからです。

そこのところを、著者はこう述べております。

《その人間の死が仕事の中絶につながっていて、その全体像から痛切（切実）な実感を与えられたとき、死を悼む即興にちかい文章をのこしてきた。自発的に書いたばあいも、書きたい気持と雑誌や新聞からの依頼がちょうど折合って書いたばあいもある。また依頼があったから書いたこともあった。ただ依頼があっても、そんな気もないのにいやいや書いたことは一度もなかった。》《もしこれらの追悼の文章に共通項があるとしたら、死を契機にして書かれた掌篇の人間論というほかないということだ。そしてただの人間スケッチの断片とちがうところを強いていえば、痛切（切実）がモチーフになっていることだ。》

本書を読むひとは、必ずやある種の痛切さを禁じえないことでありましょう。単なる生前への讃歌と愛惜ばかりでなく、儀礼的な愛惜や敬虔な気分を逸脱していることにもそれは表れております。その意味で、本書は、著者の「赤裸なこころばえとあざやかな人間論」を余すところなく伝える貴重な一書と申せましょう。

また、『背景の記憶』に関してもつぎのように述べています。

本書は、「吉本隆明による吉本隆明！」とオビに謳いましたように、三十余年にわたる自伝的エッセイを集成するものです。著者自身による著者自身への証言であると同時に、ひとつの〈時代〉の貌が明らかになる貴重なモニュメントとなる試みと、私どもは考えます。

じつをいえば、このような本を作ろうとおもったのは、七〇年代の後半のことであり、かれこれ十五年ぐらい前のことになります。具体的にいえば、「小学生の看護婦さん」「わたしが料理を作るとき」「うえの挿話」というエッセイを読んだときの感動といったものが根っこにあります。

当時は、重厚長大といったような論考がもてはやされ、また私自身、そのようなものに親しんでもいたのですが、これらの短編のエッセイを読んだとき、評論集の末尾に入れるような本づくりでは、どうにもならないと、しきりに感じたことを憶えております。

思想家・吉本隆明の本質は、黄金期ともいえる「少年時代」を抜きにしては語れないし、また、彼の生活思想と世界思想の橋渡しをするには、必ずや、これらの身辺にまつわる文章を抜きにしては語れないとの思いが、当時から私にはあったからです。

たとえば、次のような一節はどう読めばいいでしょうか。

《時間がかかる料理、それはどんなに美味しくても〈駄目〉である。ままごと料理、それも〈駄目〉である。見てくれの良い料理、それも〈駄目〉である。なぜなら、日常の繰返しの条件に耐えられないからである。料理の一回性、刹那性の見事さ、美味さ、それは専門の料理人の世界であり、かれらにまかせて、客のほうにまわればよいと思う。》

私は、ここに、思想の本源を見る思いがします。生活をなくしたインテリなどがけっして言えない珠玉のことばをここに見ます。それでいて、これを言ったのは、生活リアリズムなどに一方的に身を寄せている人ではなく、戦後思想に屹立する思想家でもある吉本氏でもあるからです。

その意味では、吉本思想を解く鍵は、彼の自伝的エッセイにあると思われます。比較的己を語ることの少ないと思われてきた著者の自伝的文章を集成した本書は、あえて言えば、彼の思想の秘密のアルファーからオメガまで見る人には見えると言っても過言ではないでしょう。

後者の本にたいしては、共同通信が以下のような書評を配信してくれました。

知られた著者の短い文章を集めた書物はよくあるが、内容も文章の質もばらばらで、出版社の営業政策が優先した本作りになっている場合が少なくない。著者の問題意識の一貫性と、編集者の力量とが問われるところである。

吉本隆明著『背景の記憶』（宝島社、一七〇〇円）は、こうした書物の中では最良のものに属すると言ってよい。著者がこの三十数年間に書いてきた自伝的なエッセイを七十編ほど集めたものなのだが、その完成度は高く、あとがきで著者自身も驚きを表明している。これは吉本隆明の著書であるだけでなく、編集者の小川哲生の作品でもある。

テーマは少年時代の記憶から、老いを感じはじめた近況まで。間に戦争や安保闘争をはさみ、著者のこれまでの全生涯をカバーする。当然、この著者に対する関心の持ち方によって異なる読み方がされるだろうが、私自身は一種の都市論、東京論として読んだ。

少年時代を過ごした東京・佃島についての記述を読むと、この著者の原点のひとつが、下町の古い共同体、そして共に育った少年たちとの離別の体験であったことがわかる。秀才であった著者は、ひとり少年たちから離れ、進学のために塾へ通うようになる。著者と少年たちの人生はその後、交差することがない。

著者は今も、古い共同体的性格を色濃く残した下町に住み続ける。「幼年のころのじぶんの姿と遊ぶのにふさわしい環境を択んでいる」のだ。しかし時代の波は、古い東京の面影を次々に洗い流していく。変わりゆく下町について書かれたいくつかの文章は、失われる過去への哀惜を隠さない。（橋本健二・静岡大助教授　一九九四年一月配信）

「これは吉本隆明の著書であるだけでなく、編集者の小川哲生の作品でもある」という一節は、編集者冥利に尽きる言葉ですね。もののよくわかった人の言です。

また一方で、立花隆氏は「文春図書館」（『週刊文春』一九九四年一月十三日号）で、次のようにふれています。

吉本隆明『背景の記憶』（宝島社、一七〇〇円）は、吉本ファンの編集者が、吉本隆明がこれまで書いたものの中から、自伝的要素を含む文章を丹念に抜き出して一冊にまとめたものである。吉本は自分のことはあまり書かない人間であると思われてきたが、こうして集めてみると、ほとんど一冊の自伝になってしまったことに吉本自身も驚いたという。

とはいっても、はじめから自己を語ることを意図して書かれたものではないから、自伝としてはもの足りない。たとえば、吉本が最も烈しく生きた日々である安保闘争について書かれているのは、

「六月十五日夜の思い出のフィルムのうち鮮やかなものをかきとめておこう。

ひとつは、警官隊の棍棒におわれて我さきにと遁走したときの屈辱感と敗北感とであり、それはわたしにとって安保闘争の心理的総括である。もうひとつは、暗闇のなかを泥土にまみれなが

ら逃げまわり、エネルギーあまって塀を一枚余計こえて警視庁構内でとっつかまったときの心情、しまったという感じ、いやはやという滑稽感。何てこったというおもい、そのあとの「平静」

事実関係としてはこれだけなのである。こういうところはもの足りないが、身辺雑記的日常生活の描写は興味深いところが随所にある。若い人には、吉本ばななの育った家庭環境を知るためにと思って読むと面白いだろう。

いきなり、「知の巨人」から「吉本ファンの編集者」と決め付けられているのは、まいったなあ、という感じですが、吉本さんの本をつくるために編集者になったと公言してきたのだから、まあ、仕方がないですね。不満はありません。ただ、ぼくが言うのもなんですが、立花さん、少しは「礼儀」というものを弁えてくださいね（笑）。

閑話休題。ぼくは、常々こう考えてきました。一編の短い文章が、その質と深さにおいて優に一冊の書物に匹敵することはあり得る、と。また吉本隆明が「戦後最大の思想家」と言われるゆえんは、その本質的で骨太な文学論、政治論、宗教論だけにあるのではないはずなのです。〈国家〉〈幻想〉〈宗教〉といった大文字の思想からだけ氏にアプローチすることが、あたかも知的で高級な思想を語る振る舞いであるかのごとく勘違いしている（とぼくは思うのですが）人に対する、批判といいますか、そうではないですよ、と示すことができるような本をつくりたい。そう思ってきたのです。なぜならば、それだけでは、この吉本隆明という稀有なる思想家の価値の半分しか見えてこないし、氏の巨大さはそれには納まりきれるものではないと考えるからです。

『追悼私記』『背景の記憶』ともに、刊行されるや反響は大きく、部数的にも満足できる売れ行きでした。現在は、前者はちくま文庫から、後者は平凡社ライブラリーのかたちで刊行されていますので入手は可能です。担当編集者が版元を辞めると、すぐ別の会社から文庫本がでるのは日本の麗しき商業出版の伝統なのでしょうか。あ、つい皮肉を（笑）。

最後にもう一冊。

これは社員編集者を辞してから古巣の洋泉社から出した『完本 情況への発言』。A５判ソフトカバー。組み体裁12・５QM　27字×23行２段組　７０４ページの堂々たるものです。

「〈自立〉の思想的拠点」であった雑誌（いかにも団塊的な言い方ですね）『試行』の巻頭を飾った「情況への発言」を、すべて収録したものです。時代の課題を決して逸らさず、真正面で受け止め、思索してきた魂の記録でもあります。学生当時、『試行』を手にすると即座に「情況への発言」を読み始めたのが、つい最近のように思われます。これはぼくだけでなく、その話をするとほとんどのひとが頷くのも面白いことです。

この本の醍醐味は、三十五年にわたって時代と格闘してきた思想家・吉本隆明の発言を丸ごと一冊にしたことの意義深さは言うまでもなく、情況への認識の徹底さ、透徹度ばかりでなく、論敵への仮借ないまでの辛らつさ、罵倒ぶり、そしてそこに醸される巧まざるユーモアにあると考えています。吉本さんは、論争の態度として、「党派性からの批判には必ず反撃する」ことを明言していますね。「それだけが、人間が人間の至上物とかんがえられる道に至る過渡的な課題を貫くための態度だからなんだ」と。論争の達人は、こうして自分の前を塞ぐひとをなぎ倒していくわけです。

身近な場所にいて吉本さんの本を作ることができた喜びは、いまでも感じます。吉本さんがいなくなった世界は考えられませんが、たぶん、これからもなにかあるたびに、吉本さんならどう考えるだろうとおもわないことはないでしょう。そのたびにまた本を繙《ひもと》くことになるでしょう。

吉本さん、長い間ほんとうにありがとうございました。でもさようならは言いません。感謝の気持ちとともにご冥福をお祈りします。

（＊11）小川哲生が手がけた吉本隆明著作一覧
『戦後詩史論』大和書房　一九七八年九月　四六判上製　装丁＝長尾信
『源氏物語論』大和書房　一九八二年十月　A5判上製貼函　装丁＝田村義也
『増補戦後詩史論』大和書房　一九八三年十月　四六判上製　装丁＝高麗隆彦　装画＝谷川晃一
『増補戦後詩史論　大和選書版』大和書房　一九八四年十一月　四六判並製　装丁＝菊地信義
『重層的な非決定へ』大和書房　一九八五年九月　四六判上製　装丁＝菊地信義
『源氏物語論 新装版』大和書房　一九八五年九月　A5判上製　装丁＝田村義也
『吉本隆明全集撰　1　全詩撰』大和書房　一九八六年九月　四六判上製　装丁＝菊地信義
『吉本隆明全集撰　3　政治思想』大和書房　一九八六年十二月　四六判上製　装丁＝菊地信義
『吉本隆明全集撰　4　思想家』大和書房　一九八七年六月　四六判上製　装丁＝菊地信義
『吉本隆明全集撰　5　宗教』大和書房　一九八七年十二月　四六判上製　装丁＝菊地信義
『吉本隆明全集撰　6　古典』大和書房　一九八七年十月　四六判上製　装丁＝菊地信義
『吉本隆明全集撰　7　イメージ論』大和書房　一九八八年四月　四六判上製　装丁＝菊地信義
『吉本隆明「太宰治」を語る』大和書房　菅谷規矩雄他との共著　一九八八年十月　四六判上製　装丁＝菊地信義

『柳田国男論集成』 JICC出版局 一九九〇年十一月 四六判上製 装丁＝菊地信義
『甦えるヴェイユ』 JICC出版局 一九九二年二月 四六判上製 装丁＝菊地信義
『追悼私記』 JICC出版局 一九九三年三月 四六判上製 装丁＝菊地信義
『背景の記憶』 宝島社 一九九四年一月 四六判上製 装丁＝菊地信義 カバー写真＝荒木経惟
『情況へ』 宝島社 一九九四年十一月 四六判上製 装丁＝菊地信義
『定本 柳田国男論』 洋泉社 一九九五年十二月 四六判上製 装丁＝菊地信義
『増補 追悼私記』 洋泉社 一九九七年七月 四六判上製 装丁＝菊地信義
『私は臓器を提供しない』近藤誠他との共著 洋泉社・新書y 二〇〇〇年三月 新書判並製 装丁＝菊地信義
『死の準備』 山田太一他との共著 洋泉社・新書y 二〇〇一年七月 新書判並製 装丁＝菊地信義
『甦るヴェイユ』 洋泉社・新書MC 二〇〇六年九月 新書判並製 装丁＝菊地信義
『生涯現役』 聞き手＝今野哲男 洋泉社・新書y 二〇〇六年十一月 新書判並製 装丁＝菊地信義
『「情況への発言」全集成1 1962〜1975』洋泉社・新書MC 二〇〇八年一月 新書判並製 装丁＝菊地信義
『「情況への発言」全集成2 1976〜1983』洋泉社・新書MC 二〇〇八年三月 新書判並製 装丁＝菊地信義
『「情況への発言」全集成3 1984〜1997』洋泉社・新書MC 二〇〇八年五月 新書判並製 装丁＝菊地信義
『源氏物語論』 洋泉社・新書MC 二〇〇九年三月 新書判並製 装丁＝菊地信義
『完本 情況への発言』 洋泉社 二〇一一年十一月 A5判並製 装丁＝菊地信義
『宮沢賢治の世界』 筑摩選書 二〇一二年八月 四六判並製 装丁＝神田昇和

第四章

読者と書き手を結びつけること。それができれば……

▼莫言のノーベル文学賞受賞にふれて

今年（二〇一二年）十月に、村上春樹がノーベル文学賞を受賞するのではと期待をもって待たれていたとき、ニュースが伝えられたのは、ダークホースの莫言（ばくげん、モーイエン）の受賞でした。

先見の明を誇るつもりはまったくないのですが、莫言の本を二十年前に出していたのは、中国文学プロパーの出版社ではなく、現在、ノーベル文学賞受賞作と大々的な広告を出している会社でもなく、じつはわたしどもだったということを話しておきましょう。

当時は、張芸謀（ちょう・げいぼう、チャン・イーモー）監督の映画『紅いコーリャン』（一九八八年ベルリン国際映画祭金熊賞受賞）が話題になっていたぐらいで、その映画の原作『紅い高粱一族』（未完の長編小説で全五巻の予定ときいている。日本で訳されているのは、そのうちの二巻までである）が徳間書店から『紅い高粱』正続というタイトルで訳されたぐらいで、日本においては一部で話題になっているにすぎないという状態でした。当時は中国文学というのは売れないジャンルという定評があり、中国人の中国ものはほとんど刊行されず、西洋人の中国ものならひょっとして売れるかもしれないという時代で、あまり見向きもされていなかった。

その例外がユン・チアン（張戎）の『ワイルド・スワン』です。もちろんこれは英語で書かれたノンフィクションであり、版元はイギリスの出版社であり、著者が文革世代の女性でしかも両親が文革中に迫害された中国共産党の幹部で、その娘が中国を逃げるようにしてイギリスに留学しその後学位をとりイギリス在住といったように典型的に波瀾万丈な境遇であったこと、失礼ながら訳者が中国語プロパーではなく英語プロパーで、中国語ができず近代中国に造詣をもっていないに等しい人間であるとわれわれの周辺ではいわれた人であり、そのことがかえって幸いしたのかもしれない。そういう意味では、いわゆる中国人の中国モノというよりも西洋人の中国モノと理解したほうがいいかもしれません。

それはそれとして、わたしたちはかれ・莫言をどう紹介すべきかを訳者の藤井省三さんともども考えたのです。

饒舌な文体を駆使しながら、〝言う莫れ〟というペンネームをもつ「莫言」とはいったい、いかなる人物かという疑問形で問いかけるのが最適というのがわたしたちの結論といえば、結論でした。そして「中国のガルシア・マルケス」「魔術的リアリズムの真骨頂！」というキーワードを全面に押し立てるという方針・作戦をたてたのです。

いまでは、彼の作品が十分に紹介されてきたので、少なからず了解されることになるのですが、わたしどもが二十年前に日本に紹介したときには、それほど理解されていなかったのは事実です。

その世界は人間の天性と生存の欲望とを描き、極端な主観化と冷厳な客観性に、その特徴があります。従来の中国文学のイメージである社会主義リアリズムで描かれてきた中国農民像とは自ずと、対極にあるといえましょう。虚構の農民革命の上に立つ中共イデオロギーを根本から掘り起こし、真性の中国農村の現実と農民の心性をまるごと描くには、作家の創造たる美的配慮と社会的現実に背を向けない誠実な態度――リアルな目――が重なるはずです。リアルな目は政治的・社会的なメッセージを含まざるを得なくなります。それを私たちは「魔術的リアリズム」と呼びたいと思いますし、また、だからこそ「中国のガルシア・マルケス」と呼びたいのです。

わたしどもはそのように紹介し、読者に呼びかけたのです。

そのせいか、新聞でもずいぶん好意的に書評でも取り上げられ、中国文学という地味な分野ではありましたがすぐに再版にこぎつけました。

莫言の本は短編集の『中国の村から』と『花束を抱く女』の二冊を刊行しただけでしたが相当手ごたえを感じました。今ではすでに版権が切れており、今回のノーベル文学賞騒ぎで書店からの注文が殺到したと聞いていますが、再版することができなかったのはまことに残念です。でもまあ、致し方ありません。これはいかにも自分にとっては似つかわしいことですね。

が、あれから二十年以上も経過をしたとき、ようやく世界文学を代表する一人として、莫言が世界的に認知されノーベル文学賞を受賞したことは、大きな事件といってもよいでしょう。初期に他社に先駆けて刊行できたことは売れるから出したというスケベ根性ではなく、いいものを売りたいから出したという意味で誇りに思うことのひとつです。

▼石井慎二さんのこと

莫言に関して語るとき、けっして忘れてはならない名前があります。

それはわたしの上司だった石井慎二というひとのことです。

わたしがJICC出版局（現・宝島社）にはいったのは、じつは石井慎二さんに話をつないでくれた小浜逸郎さんとその話をすぐに実行に移してくれた石井さんの尽力のおかげなのです。一九九〇年四月にＪＩＣＣにはいるとすぐに石井さんは、こういう企画を二人でやらないかと持ちかけてきました。それが、莫言を知るきっかけになるのです。

当時、中国文学の若手研究者として、めきめき頭角を現わしてきた、東京大学の藤井省三氏、日本大学の山口守氏、お茶の水女子大の宮尾正樹氏のお三方を編集委員に起用し、「発見と冒険の中国文学」全八巻のシリーズを立ち上げたのです。中国文学プロパーではない会社が、このような意欲的な企画に取り組んだのには、石井慎二という編集者の力があったことは忘れてはなりません。

ラインアップは以下のとおりです。

①『古井戸』（鄭義著）②『中国の村から（莫言短編集）』③『リラの花散る頃（巴金短編集）』④『藻を刈る男（茅盾短編集）』⑤『浪漫都市物語（上海・香港'40Ｓ）』⑥『バナナボート（台湾文学への招待）』⑦『紙の上の月（中国の地下文学）』⑧『風馬《ルンタ》の耀き（新しいチベット文学）』。

ここに見られる共通項はただひとつ。それは中国語（華語）で書かれたというだけであります。民族も国籍も関係ないのです。新しいルーツ文学から巴金・茅盾という大家まで。チベット文学から地下文学まで。台湾文学から四〇年代のモダニズムまで含む破格のシリーズです。「発見と冒険」と自負するゆえんです。別巻扱いとして莫言『花束を抱く女』、李昂『夫殺し』、史鉄生『遙かなる大地』などが続きました。

シリーズは、装丁が菊地信義氏、カバー写真が江成常夫氏という豪華なメンバーで、白を基調としたカバー、赤とスミの二色で統一したものです。中国文学シリーズとは思えない装丁で当時話題となったことをおぼえています。お二人はギャランティは自己奉仕に近いかたちで協力してくれたのです。会社を変わったばかりで不安定な時代のわたしの意気込みに意気に感じて参加してくれたお二方には感謝以外の何物もありません。そういう意味ではわたしはじつに幸せものなのです。

石井さんはわたしが洋泉社を去る一ヵ月ほど前に食道癌で亡くなったのですが、彼から学んだことは非常に大きかった。このことについて少し触れさせてください。

彼から学んだことを箇条書きに記してみましょう。

①編集行為とは企画立案時から本を完成させ、販売に至るすべての行為だということ。これは射程の長いもので、この発想には当時ずいぶん鼓舞されました。

②原価意識をもたない編集者は一人前でないということ。このことは大和時代から自分でも一貫して主張してきたことです。

③タイトルは内容の良し悪しを左右するほどに重要であること。これは簡単なようでもっとも難しい作業といまでも考えています。

④企画立案者はその本の成り立ちおよび内容に責任を持つということ（これは別冊宝島のすべてに適用されており、その本の内容に関して的確なイントロダクションを各編集者が書くことが当然とされてきました。これは他社にはあまり見られない特徴ですね）。わたしの場合、単行本ですが、新書yシリーズの『私は臓器を提供しない』『死の準備』『天皇の戦争責任・再考』などに「まえがき」を書いております。主にオムニバス形式の本に著者を代表するかたちで、本の成り立ちを書いたものです。それは本書に収録しませんので、興味のある方は直接現物にあたってください。

⑤その関連で、いわゆる差別語の問題に関しても、編集者がいかなる態度で取り組んでいるかを明

らかにすることが必要ということがあります。他社にまま見られる、「本書には一部配慮すべき表現・用語が含まれていますが、作品のオリジナリティーを尊重しそのまま収録します」といった類のエクスキューズではなく、なぜ、一部配慮すべき用語のまま収録したのか。なぜ、安易に言葉を言い換えれば済む問題ではないかを明らかにすることを部下に求めたこと。そこに自己の思想性が現われるのであり、ノホホンとしてはいけないということが問われるのです。

その⑤の項目の恰好の見本といえるものを具体的に示してみましょう。これは、台湾フェミニズム文学の最高傑作と評される李昂（りこう、リー・アン）の『夫殺し』を翻訳・刊行する際にどうしても避けては通れない問題だったからです。

本書では、翻訳者の藤井省三氏の懇切丁寧な解説と、いわゆる差別語が頻出する本書をなぜ刊行するのか、そしてそれが「人と獣が紙一重である世界を描いて人間性の奥深さに迫る復讐と救済の物語」であるゆえんを編集部みずから文章化したものです。現物は、品切れのため入手が難しいので、付録として末尾に掲載します。一読をお願いします。われわれの意気込みが伝わるはずです。石井さんが求めわたしがそれに応じて書いた文章です。わたしが書いた文章に「本書の刊行は、日本の屠場労働者およびその家族の方へのいわれなき差別や偏見を生み出すことを意図したものではありません」で始まる文節を石井さんが追加補筆した、いわば協同作業ともいうべきものです。のちに李昂氏が来日した際に『宝島30』誌上で上野千鶴子氏との対談を企画した時、対談の依頼に行った当時編集部にいた秋山洋也くんに、上野氏が「あの文章はなかなかいい」といったことを直接彼から聞いたことを覚えています。

　こうした文章は、言うは易く、行うは難し、であり、他社ではめったにお目にかかることができません。このようなことを編集者にして経営者の石井慎二は、すべからく編集者がなすべしとして求めたものであり、かれの部下であったわたしは、それを間近に見、一緒に仕事をできたことはほんとうに幸せなことであったと今でも感じています。その時代はまことにわたしたち二人にとって黄金時代だったといえましょう。

　そのあたりの事情を秋田の地で無明舎(*1)を立ち上げて活躍中のあんばいこう氏は、わたしと石井さんの関係を「このタッグから生み出される」云々と述べております。ここは引用させていただくことにしましょう。こうした何気ない証言は数年たつとまったく忘れられるので記録としてあえて引用しておきたいものです。

《勢古浩爾「まれに見るバカ」と金原克範「〈子〉のつく名前の女の子は頭がいい」の2冊の洋泉社新書を読んで、がぜん同じ版元の他の新書シリーズも読みたくなってしまった。つぼにはまったというやつである。小生にはこうした傾向が昔からある。ようするに担当編集者と相性がいいわけで、そんな人が作った本はどんなジャンルでもたいてい面白く読める。洋泉社の社長は元宝島社にいた石井慎二さんで、私個人も石井さんには昔ずいぶんお世話になったくちである。ノンフィクションライターの世界ではカリスマのような編集者なのである。編集者は小川哲生さんで、この方とは面識はないが業界ではこれもまた有名な編集者である。このタッグから生み出される新人たちやタイトルネーミングが面白いのは当然だろう。本を作る側としては刺激的で勉強になることが多い。小さな出版社でこれだけの新書のラインナップを組める力量というのもさすがである。これからが楽しみである。（あ）》（「んだんだＮｅｗｓ」vol.75）
いまは亡き石井さん[＊2]の冥福を祈るばかりです。

（＊1）地方出版社、北の雄。東北や秋田の歴史、習俗、民俗学などを中心とし、地域に根差したラインアップが並ぶ。学生時代より、帰省するたびにせっせと買いそろえていたので、当方（註作成者）の本箱にも、ざっと見ただけでも『「梅津正景日記」読本』『秋田「安東氏」研究ノート』『武藤鉄城研究』『前九年の役　後三年の役』『秋田の酒蔵』『あきた意外史』『秋田ふしぎ探訪』他多数が所持されており、新しくは伊藤永之介による『平田篤胤』や成田健『東北の文学　源流への旅』が加わった。木村伊兵衛を師とするアマチュア写真家、岩田幸助の写真集『秋田　昭和三十年（一九五五）前後』も無明舎・あんばい氏による貴重な一冊。現在『んだんだ通信』を発行し、当方、愛読している。

（＊2）石井氏は、拙著『自閉症裁判』の名付け親である。以下、そのエピソードを。

原稿を書き上げた後、少したって会社に出向くと、石井社長がたばこを吸いに社長室から出てこられた。当方の顔を見るとそばに来て、「佐藤さん、このご時世、ノンフィクションを五〇〇枚も六〇〇枚も書いて本にできるのは、佐野眞一とか立花隆とか、一部の大家だけだぞ」と言う。ノンフィクションは売れない、と盛んに言われていたときで、文字通り氷河期だった。しかし、削れ、とは言わなかった。代わりに「今度の本の、最大のセールスポイントは何だ？　自分ではなんだと思ってる？」とお尋ねになる。「障害をもつ人が加害者になった刑事裁判で、おそらく初めて〝自閉症〟という診断が重要な争点になったことだと思います」、そう答えた。「そうか」とだけ言ってその場を離れ、そして喫煙室から出てくると再びそばに来て、ぽつりと言った。「本のタイトル、『自閉症裁判』にするから」。ちょっと複雑な心境になったが、これで、決定だった。おかげで版を重ね、何とかここまで食いつなぐことができているが、ひとえに「自閉症裁判」という書名にあずかるところ大であると、感謝とともに肝に銘じている。

さて、個人的なことはさておき、編集者「石井慎二」の名を知るのは「別冊宝島」シリーズである。書棚を大急ぎで数えても四十冊ほど積まれているが、当方が所持するもっとも若いバックナンバーは「47」、タイトル「保守反動思想家に学ぶ本」である（八五年六月刊。執筆者のうち、以後『飢餓陣営』にご登場いただくことになる方を探すと、呉智英、小浜逸郎、佐藤通雅、岸田秀の各氏のお名前が見える）。「道具としての英語」「ボディの本」「おんなの事典」といった各タイトルに見られるように、この時期、ナンカイな思想や学問を、やわらかく、ゲーム感覚で、ふんだんに遊びを入れながら誌面に封じ込めようとする一方で、風俗、プロレス、オカルト、エロ、旅行などのやわらかテーマを、本格的に、きっちりと論じられるライターを登場させて誌面構成をしていることが、はっきりとうかがえるのである。食糧問題は「もっと食わせろ！」というタイトルになり、プロレス本は「超プロレス主義！」になる、というように、抜群のタイトルセンスを誇っていた。当方の還暦を祝して（読者諸兄には、およそ関係ないことではあるが）、このさいうちあけてしまえば、自立誌と別冊宝島を、足して二で割ったような雑誌を創れないかというのが、当方のやりたいことだと段々と気づいていった。まったく果たされていない。残念至極ではあるが、分相応、という言葉もあるし。それにしても、別冊宝島黄金時代の石井氏の力技は、すごい、の一言だった。

▼同世代の書き手たちとの出会い

ではそろそろ本題に移りましょうか。

今回は、八〇年代から九〇年代、同世代の書き手たちとどう出会うか、ぼくの中で学校や教育、家族、子どもといったテーマがどうやって重要になっていくか、そのあたりについてお話しておきたいと思います。

小浜逸郎さんの『なぜ人を殺してはいけないのか』（洋泉社・新書y、二〇〇〇）を作ったとき、書き下ろしで作ったんですが、年少の人に、人生の中で感じる疑問を問われたときどう答えるか。問いを成り代わってぼくが考えて、小浜さんに答えてもらった。それが評判になったのですね。めずらしく十万部を超える本になりました。当時、小浜さんは生活者としてピンチの時だったのですが、それでも弱音を吐かないでやってくれた。小浜さんの情況をつかむ目がインパクトを与えた、そういう本です。あのときの小浜さんの頑張りは称賛に価します。

その後、『人はなぜ働かなくてはならないのか』『人はなぜ死ななくてはならないのか[*1]』という新書y三部作になって行くわけですが、これはうまくいった企画だったなという思いがあります。それ以降は時代が変わり、同じ手が使えなくなった。

それからもう一つ、『オウムと全共闘』（草思社、一九九五）という本を書くことで、小浜さんは吉本隆明さんと離れて行く。そして『吉本隆明――思想の普遍性とは何か』（筑摩書房、一九九九）を出します。これが決定的でした。小浜さんと吉本さんとは最初は小さな違いだったが、小浜さんから見ればだんだんと違いが大きくなっていく。そして意識的に吉本さんに批判的な方向に踏み出していくことになります。それはそれだという関係は編集者にはあるんだけれども、やはりどうしてもぼくにとっては、小浜さんとお互いの距離が間遠になって行くことは避けられなかった。

書き手とはそういうものだから仕方がないんだけれど、編集者は、自分の担当していた著者同士が激しく論争を始めたとき、どこに己れの立場を置くか。これはなかなか難しいのが事実です。小浜さんに対しては、自分と一緒に酒を飲むときは吉本さんの批判はしないでほしいと言い、吉本さんのところでは、小浜さんとこっそり付き合うようになってはいけないと思い、いま小浜さんとこういう仕事をしていると、一応断りを入れて明らかにしておく。そうやって両者に気を遣わないといけない関係になっていった。これはなかなかしんどかったのです。

編集者は年上の著者と最初の仕事を始め、同世代が書き手になり、そして今度は年下の著者と仕事をしていくようになります。それが自然過程ですね。逆に著者のほうは、だんだん若い編集者との付き合いが増えていく。小浜さんもそうですね。いまは自分より若い世代の編集者との仕事が中心になっていますね。

それはそれとして、ここで小浜逸郎の方法といいますか、彼固有の評価すべきポイントについて言わなくてはなりません。しかしながら、これはなかなか難しい。でも勇気を出して言ってみます。これは相撲でいう一種の〝恩返し〟ということになります。

日常、人間とは何かに思いいたすとき、疑問に感じつつ、それに対して的確な答えを提出することがなかなか難しい問題に、答えようとするのが、小浜逸郎の真骨頂です。これが彼の方法を端的に表わす言葉ではないかとぼくは考えます。

日常的実感をいかに言葉化するか、論理化するかに腐心した彼をわたしは高く評価しております。そしてその課題を日常に繰り込むことが思想の大きな問題であることを示したのは彼の功績の一つでしょう。

彼はノンセクト・ラジカルとして全共闘にかかわっていますが、連合赤軍の敗退後に自分の依拠する思想を鍛えなおそうと考えます。このままではダメになる。

全共闘の一部には「家族帝国主義」なる奇妙な言葉遣いをする人間たちもいましたが、彼はそうではなく、家族をとことん考えつくそうとしたわけです。ですから、彼の思想的テーマが、家族・学校・子どもに向かうのは必然だったと思います。私どもの関係を、ある評論家は次のように述べました。彼らは〝吉本隆明　家族派〟である、と。学生運動の党派になぞらえた言葉ですが、言い得て妙ですね。今ではなつかしい表現です。

ぼくのほうでも三十代にはいり、従来の思想書といった本づくりでは、会社に企画が通らないことがしばしばありました。

ちょうど子育ての時期にあたっていたので、子どもに絵本を読み聞かせたりしていました。また、カミさんが公立の図書館で児童書の担当になっていた関係でそれに刺激されて、少しずつではありますが、児童文学の世界にふれていくときと、小浜さんと仕事をつうじて、お互いがお互いを高める関係を作り出す時期がちょうど重なってまいります。

たしかに年長の書き手からの影響は大きいのですが、やはり、同世代の書き手との付き合いも必要なのです。お互いがお互いを意識し、同時代人として刺激し合える関係が、年長世代や年下の世代よりもやはり同世代のほうが容易く理解しあえるのです。そうした意味では小浜さんはわたしにとって大きな存在であります。

「人間にとって最も不可解なものは人間自身である」とするなら、いったいどういう「人間自身」のからくりによって、世界史は作られるのか？　また個人と社会、個人と国家のつながりはどういうふうになっているのか？

思想家小浜が目指すものは、どの時代や社会にあっても共通にぶつかる「生」の問題、いうなればば人間が人間であることの意味を根底から問い直す試みであるといっても過言ではありません。彼はその問いに答える（応える）同世代のチャンピオンでもあったのです。その当時はかなり頻繁に会い、意見をたたかわせ、酒を飲んだものです。

最近では、ときどき電話で話し合うことがあります。今度はゆっくり酒でも飲みながらでもクラシック音楽の話をやろうなどといいつつ、なかなかその機会がありません。

最近、たて続けに出した彼の本『【新訳】歎異抄――「絶対他力」の思想を読み解く』（PHP研究所、二〇一二）、『日本の七大思想家』（幻冬舎新書、二〇一二）でも相変わらず、吉本批判を展開していますが、わたし自身まだ客観的に彼の吉本評価に結論を出せないでいるのが現状です。

最近はかつてのようになんの屈託もなく酒を飲みあうことができたら、と思うことしきりです。少々の言い合いはあっても、互いに分かり合える関係はあるといまでも確信しています。

（＊1）この三部作の第三作目は、不肖『飢餓陣営』発行人の企画である。ちなみに小浜―小川両名のタッグに『飢餓陣営』が加えさせていただいて成った新書yは、ほかに『やっぱりバカが増えている』『人生のちょっとした難問』があり、新書y創刊第一弾の『中年男に恋はできるか』を合わせて四冊が、トリオ・ザ・パンチでの仕事となる。

▼読者が著者に転化するとき

それから書き手はどこから始まるか、つまり本の読者はどこから本物の書き手に転化するかという話をしてみたいと思います。まずどんなに優れた書き手でも、著者である前に読者であることから始まります。ある会社から出ている本を読み、この編集者だったら自分の仕事も評価してくれるんじゃないかというような感触をつかみながら、だんだん書き手に変わっていく。ぼくには、たまたま小川が作った本を読んだという著者とそうでない方がいたときには、どうしても自分の作った本を意識的に読んで来てくれた書き手に本を出すときに優先権を与えたい、という思いがあります。お互いがお互いを分かるわけです。

書き手のほうも、こういう方向やテーマだったら小川は取り上げてくれるんじゃないかと思うだろうし、こちらも、こういうテーマで次の仕事をやったらどうかと提案すると、いい反応を返してくれる関係を感じることができるからです。勢古浩爾さんなんかはまさにそうで、ずっと吉本さんの本を読んできた人ですし、ぼくの作った、たとえば小浜さんの本を読んでくれてきた人だし、そうやって著者としての自分を作っていった人です。

勢古浩爾さんの話を少ししますと、普通は若い時に同人誌を作ったりして、ある人間関係の中で書き手としての修練を重ねて行きますが、彼はまったくそういうことがなかった。若い時は、思想関係の本なんかはまるで読まなかったと自分で言います。本を読む代わりに何をしていたかといえば、大学二年を終えた時点で大学を休学し一年間ほど、海外を放浪しています。そのための準備として、ラジオ講座などで英語が使えるよう努力した。そのせいか、ぼくの周辺では稀に英語ができるひとの一人です。彼は横浜港からナホトカに行き、そこからシベリア鉄道でモスクワを目指します。その後、フィンランド、スウェーデン、デンマーク、ドイツ、スイス、オーストリア、フランス、イギリス、またフランス、イタリア、ギリシャとヨーロッパをヒッチハイクで回り、あとはバスでトルコからイラク、イラン、アフガニスタン、パキスタン、インドまで行き、飛行機で日本に帰るという放浪を経験しています。いま世界的ニュースで報じられる地域をまわっていますね。帰国後、ある本を読んでいたとき、これなら自分にも書けるんじゃないかと思って書き始めたという経緯があります。その経験はかれの書くものに直接の影響は見られませんが、最深部ではかけがえのない経験になっているはずだとぼくは推測しています。一緒に書くという仲間もなく、今のようにブログがあるわけではないので、発表をする場もなかった。だがだれにも教えられず人しれずの研鑽があった。そしてあるとき、ぼくのところに原稿を送ってきた。ぼくが作った大和書房時代の本を、彼は読んでくれていたというんだけれど、すごくいい内容の原稿だった。それが「石原吉郎」論です。(*1)

石原吉郎は売れた時期があったのですが、長くは続かなかった。それで、「ぼくの会社ではちょっと無理で、別の会社だったら可能だろう。しかしあなたの才能はよく分かった、信用する、次の原稿が仕上がったらぜひ一緒に仕事をしましょう」、そう電話をしたのです。その電話までの時間がすこし空いたので、彼はぼくに原稿を送ったことをすっかり忘れており、この電話をくれた人は誰だろうと思ったという。すぐ思い出し、あの小川さん？　ということで、そこから付き合いが始まっていきます。そして一年後に、再び書き下ろしの原稿をもってぼくの前に現われた。それが九四年に『中島みゆき・あらかじめ喪われた愛』（宝島社、一九九四）となって結実します。

この本にたいして呉智英さんが産経新聞にエッセイを書いてくれたのですが、これがやや揶揄気味のもので、勢古さんはちょっと気に入らない。そこで反論の応酬というエピソードがあります。これを仕掛けてくれたのは、当時、産経の文化部にいた田中紘太郎さんですね。マスコミ界にいるいい兄貴分格の人で、その後親しくさせていただいています。勢古さんはいかにも書き手だなといいますか、人間関係は人間関係として批判を書かなければならない時には書く、著者同士の板挟みになって編集者がごまかしてしまうときでも、書き手は言いたいことは言う、そう力説するわけです。これは小浜さんもそうでしたが、敵対するときはやるんだ、文章を書いて生きる人は、そういうもんだなということを改めて思い知りましたね。編集者にとっては、なかなか難しいところですが。

小浜さんの『なぜ人を殺してはいけないのか』と同じ年に、勢古さんは『まれに見るバカ』（洋泉社・新書y、二〇〇二）という本を出して大ブレークします。この本を作るいきさつを話しますと、以前、小浜さんと二人で別冊宝島の『「日本の教育」改造法案』[*2]を作りました。その中に遊び記事のコーナーを作り、教育言説にあってどうしようもない「バカ」なことを言っている人たちがいるので、小浜さんに「バカ語録」という「バカ言説」紹介とそれをコテンパンにやっつけるものを書いてもらったわけです。ぼくはそういうことが根っから好きなタイプですから、これはうまくいったと思っていたのです。それで、この「バカ語録」をもとに、すべての分野にはびこるバカ言説を一網打尽にするような単行本を共著で作りたいと思い、あるとき勢古さんに、こういう企画があるが、あなたも参加しないかと訊きました。そうすると彼は、うーん、共著でやるより、単著でやりたい、一人で書きたいという。分かった、じゃあ少し具体的に考えてみてと言ったところ、一カ月くらいしたら、彼から連絡があった。

こういう感じでどうでしょうというので見せてもらうと、コンテンツが作られている。彼の本の作り方は、中身から書き始めるのではなく目次からそして、小見出しを作って行き、それができたところで書き始める。まだ一行も書いていない原稿でも、そのコンテンツが出来上がったときは七割以上の原稿ができたと同じ意味をもちます。しかも最初から順番に書いていくわけではないんですね。それで、この時に見せてもらった目次が、面白くてしょうがないのです。でも世の中には、こんなふうに人を「バカ呼ばわり」することの嫌いな人間はいますね。「人のことをバカ呼ばわりするのは下品だ」とか言う人がいますが、でも本音は悪口が大好きで、お返しをされるのが怖いから言わない。そういうことはあると思うのです。石井さんも悪口は大好きで、これはぜひやろうということになった。営業からは「反対」という声が少し上がったのですが、二人で押し切りました。

勢古さんの文章はなかなか読ませるし、まじめなことを言いかけてはからかい、言うとすぐにさっとよけてみせる。面白くてしようがない。自分で頭がいいと思っているやつにろくなやつはいないぞ、と吉本さんも言うし、勢古さんがからかっているのはそういう連中です。月に一〇〇冊読んだとか三〇〇冊本を読むとか、自慢しているやつがいる。そんなくだらないことはない。だいたい、中を見たことと読んだことは違うだろう。読むということは上っ面の問題ではないんだ、そういうことを自慢する奴にはろくなやつがいないから、ということを、吉本さんはべランメー口調で言います。こういう点でもぼくは勢古さんとはすごく話が合うわけです。

この本で勢古さんはブレークするのですが、他の編集者も、同じような本を書かせ始めるようになります。売れれば二番煎じでも構わないという編集者の傾向はなんとかなりませんかね。ぼくはへそ曲がりですから、だったらこれまでの勢古さんとは違う企画で行こうと決め、たとえば白洲次郎について書いてもらったり(『白洲次郎的』洋泉社・新書y、二〇〇四)、遺書をテーマにした『日本人の遺書』(洋泉社・新書y、二〇〇八)を書いてもらったりします。「遺書」という問題から発生した本もあります。一方は二十歳の学徒士官であり、もう一方は十六歳の少年志願兵ですが、運か不運かわからない状態で沈没した巨大戦艦から生還した二人が生涯を通じて背負わざるをえなかった戦友たちの死という問題を自分でも解きたくて、『大和よ武蔵よ——吉田満と渡辺清』(洋泉社、二〇〇九)という書を書いてもらったりして意識的に方向転換を試みたわけです。吉田満と渡辺清という二人は偶然にも『戦艦大和ノ最期』と『戦艦武蔵の最期』という遺書とも言うべき著書をもっているのです。その二人の人生が交差するところに戦後日本が失ったものをみようとしたのです。これは勢古さんとぼくの思いがかさなっている本ですが、読者の評価はいまひとつでそれほど売れなかったので、彼には申し訳ない思いでいっぱいです。彼とはもっともっと仕事をしたかったなあ、と思いますね。

その意味でここですこし勢古浩爾の覚悟といった話をしないとおさまりがつきません。

自分は中年というよりも老年に直面しているのですが、彼との仕事のなかで考え、お互いが納得しあえる問題に「人生」という問題があります。否応なく、人間、とくに中年は人生に直面してしまいます。というより、中年だけが「人生の辛酸」を身にしみて知る年代なのですから。こう考えたのです。

「人間の人生」（＝運命）に翻弄されながら、それでも「自分の人生」（＝意志）を垂直に立てて生きようとすること、それだけがその人生にとって決定的なことではないか。

一生懸命生きるしかない。それを「ぶざま」というなら、「ぶざま」こそ人生である。「ぶざま」でなければ生きられない。だから私どもは、断固として次のように言いたい。「かっこいい人生」なんて何ほどのこともない！　と。

「かっこいい」という言葉が一番似つかわしい男に白洲次郎がいます。

彼はその白洲について一書を物しております。

白洲次郎とはいったいいかなる人間か。「日本で一番カッコいい男」——これはマスコミが与えた形容でありますが、それではいったいなにをした人間かといえば、なにもなしたことはないというのが実情でしょう。

しかし、そこに勢古浩爾は惹かれます。端的に述べているところを引用してみましょう。

《白洲は、ただ白洲次郎というひとりの男子であることにおいて、業績や功績や実績を最重要視する世間的評価に匹敵している。ある意味で凌駕している。そういう男である。》

ね、いいでしょう。これが勢古浩爾の真骨頂です。勢古節ともいうべきものです。

《その遵守する原則において、紳士道において、向こう意気において、稀有である。そのやさしさにおいて、公平において、本物性において、無比である。》と。

まさに本物の人間、信じるに足る存在ではないか。昨今の「勝ち組負け組」といういじましさ、ひとの顔色をうかがう卑屈さ、その裏返しの傲慢さ、こういえばみなさんも具体的な顔を思い浮かべる人物とは正反対の人物と考えます。

単にエピソードだけの人物ではないか、という批判には、そのエピソードだけからも「ふつう」のすごさが見られる人物とだけ言っておきましょう。

彼のいう「ふつう」とはなにか事上げして言わなくても、意味のあることなのです。自らの思想の立脚点を「ふつうの人」の立場におくことの意味を考えれば、吉本さんの「大衆の原像」に彼が惹かれるのがわかります。

たとえば、以前に引用した言葉に次のようなものがあります。

《結婚して子供を生み、そして、子供に背かれ、老いてくたばって死ぬ、そういう生活者をもし想定できるならば、そういう生活の仕方をして生涯を終える者が、いちばん価値がある存在なんだ》（「自己とはなにか」『敗北の構造』弓立社）

この言葉に出会って、勢古は「脳天を直撃された」と表現しています。そして「その後の人生の基本を決定した」とも言っています。

ふつうの人生などありえない。しかし、最もふつうの人生を最もふつうに生きることのなんとむずかしいことか。そしてそれがもっとも価値ある人生だとするならば、自分もそのような生き方をしてみよう。

彼・勢古浩爾の「覚悟」がでているところではないでしょうか。そんなところがぼくがもっとも好ましく思える彼の美点です。

（＊1）のちに『飢餓陣営』に連載されるが、その「石原吉郎」第一回は二十一号に（二〇〇〇年八月刊）、本編終了が三十四号（〇九年三月刊）、三十五号「補遺」（一〇年三月）をもって完結となる。いまや押しも押されもせぬ勢古浩爾氏だが、氏の〝幻の処女作〟を十年の長きにわたって『飢餓陣営』誌上に飾らせてもらったことは、改めて感慨深い。ちなみに勢古氏原稿の最初の掲載が、十四号（九六年三月刊）、「特集・オウムという問い」における「思想の原則とは何か——吉本隆明批判の陥穽」という小浜氏への批判であり、以降、両氏の激しい応酬が『飢餓陣営』誌上で繰り広げられることになる。

（＊2）『別冊宝島183「日本の教育」改造案』は一九九三年八月の刊行。冒頭にまえがき風の文章が付されているが、次のように書きだされている。

「最初に、私たちはこう宣言する。／この本は、教育熱心な親や教育評論家センセイや教育行政官僚などを対象としたものではなく、あくまで、学校現場という泥沼で日々苦闘している教師に向けてつくられたものである、と。／私たちの結論はまったく簡単なものだ——『**速やかに公教育の機能を縮小せよ**』。」

署名は、「日本の教育」改革委員会、となっている（実質は、小川哲生の執筆である）。執筆者を見ると、西尾幹二を始め、小浜逸郎、夏木智、由紀草一、佐藤通雅、赤田圭亮、滝川一廣（このたび新著となって公刊された『学校へ行く意味・休む意味』〔日本図書センター〕のテーマである登校拒否について、このときすでに論じている）、というように、『飢餓陣営』にはお馴染みの書き手が、ずらりと並んでいる。

▼開かれた生活言語と強い批評性のあいだで

今日話題になる著者たちの中では、村瀬学さんとの付き合いが一番古いのですが、第一章の菅谷規矩雄さんの話の中で少し出てきましたように、彼は大学の哲学科でキルケゴールを学んでいて、卒業したのち、障害を持つ子どもたちの施設職員になっていきます。そこで村瀬さんは、目の前にいる子どもたちと向きあうということが、従来考えられてきた児童心理学や発達論では解決できないことを思い知る。目の前にいるのは、寝たきりの子どもだったり、言葉を発しない子どもだったりするわけですが、この子どもたちをどう考えたらいいのか、いろいろな読書をつづける中でもどこにも解決の糸口がない。そうであるならば、自分で言葉にする、論理化する以外にはない。そうやって始まったのが村瀬さんの仕事ですね。

私の、新書MC『初期心的現象の世界』のリフーレットにも書いていますが、村瀬さんは北川透さんの『あんかるわ』に連載している、その原稿がいいので菅谷さんに尋ねたところ、「あの書き手はいい」と言ってもらった経緯については、すでにお話したとおりです。

ぼくの手紙は大家にたいしても本を一冊もだしていない若手にたいしても一貫して区別がない書き方であることの証明にもなると思いますので、はじめて彼に出した手紙をここで引用してみます。

拝啓

はじめてお手紙差し上げますご無礼お許し願います。

私は大和書房という出版社に勤務いたします編集者の小川哲生と申します。ひょっとしてご存知かとは存じますが、大和書房という出版社は、商業出版――それも果てまでいったというようなものではなく――でしかございません。だからこそ、私どもはそこにかけたいという思いがございます。そのつまらなさをどこまでも否定――出版物によって――しようとし、何らかの意味あるものにし、大手出版がそうであるような、金力と看板をバックにしたものから、私どもにとり意味ある、価値大である――それは読者にとりましてもそうであると思いたいと考えております――著者との〈道行〉にかけていく、といったような心掛けを持ちたいとの思いからであります。その時、いずれにしても商業出版という枠の中であることは否定しませんが、現在の大和書房というものを一歩踏み出すことは間違いございません。

その一歩として、遅々とした歩みではございますが、森崎和江著『奈落の神々』『ふるさと幻想』、菅谷規矩雄著『詩的リズム・正続』、渡辺京二著『評伝 宮崎滔天』、吉本隆明著『戦後詩史論』、色川大吉著『歴史の方法』『三多摩自由民権史料集』など、私自身としては、少しは誇れるものと思いたいものです。

ここで、未だ面識のない村瀬さんにお手紙を差し上げましたのは、現在、『あんかるわ』に連載中の力作「ちえおくれの心的現象を考える」をご完成の暁には、ぜひとも私どもにまとめさせていただければと考えたからにほかなりません。

私自身、資質としては、原理的思考の点では、まったく弱いところがございますが、編集者としては、なおのこと、それに惹かれるところがございます。

菅谷規矩雄さんの『詩的リズム』が、〈韻律の意味化〉の視点から日本語のリズムを分析しつくしたときの現場に立ち会えたこともまた、そのようなものでありました。その菅谷さんと話しをしていたときに、村瀬さんの論考のことが話題になり、臨床的視点ではなく、心的現象の視点から問題をさぐる、その徹底性にひとつの大きな方法意識を感じました。

方法意識が、それも現場の経験をふまえ、私とほぼ同世代である村瀬さんから出てきたことは、大きな意味がございます。

『言語にとって美とはなにか』に応答するところから『詩的リズム』が生まれたように、また『心的現象論』に応答するところから矢野武貞さんの『吃音の理論』が生まれたように、村瀬さんのこの論考が生まれたことを喜ぶのは、私だけではないように感じられます。

このような本格的な論考が生まれたことに、同時代人として立ち会うだけではなく、一人の編集者としても立ち会いたいと思うのは、故なしではないと思われます。

一つの本が、著者と読者の出会いの場をつくるとするなら、編集者である私にとりまして、その一つの本は疑いもなく、自分にとって価値大であるという意味での不可視の読者が見えてくるという一つの出会いがあることを信じたいと思います。

村瀬さんの、それもこの「ちえおくれの心的現象を考える」にとって、いい読者とは、まったくもって言い切る自信などもち合わせておりませんが、いいものを出したいという意志だけは、他のだれにも負けない自負がございます。

誠に勝手な申し出とは存じますが、この出版の機会をぜひとも私どもにお与え下さいますよう切にお願い申し上げる次第です。
忌憚なきご批判、ご忠告いただければ幸甚と存じます。なにとぞよろしくお願いいたします。

敬具

大和書房編集部
小川哲生

一九七九年四月二十二日

村瀬学様

この手紙の返事をいただいてから、ぼくは村瀬さんと連絡を取り始めます。初めて彼に会いに京都に行ったとき、ホテルのロビーで待ち合わせをしました。ところが時間が過ぎても現われない。お互いにどうしたんだろう、と思いながら待っている。当時、ぼくはスーツなんか着る編集者ではなかったし（ぼくがつきあいのあった編集者はみんなそうだったのです）、村瀬さんのほうは、小川は編集者だからスーツ姿だろうと思って待っていた。ぼくのほうは、村瀬さんは子どもと一緒に働いている人だから、ラフでこざっぱりとした格好をしているだろうと、勝手に思っていた。ところがきっちりとスーツ姿だった。四十分くらいたってから、ひょっとしてこの人が、と思って声をかけるとご本人だった。そういうことがありました。このエピソードは、彼の文章のスタイルを、改めて考えさせるのです。

彼は、あえて難しい言葉は使いません。日常語を使うんですが、それを鍛え直す作業をつづけていた。概念を再定義しながら変えて行くわけです。そこに彼の独特のセンスがあり、すごいところです。たとえば「理解のおくれ」と言います。理解は、現象としては必ず「おくれ」を伴う。遅れるのが当たり前なんだ、と言います。まさに当たり前のことなんだけれど、改めて指摘されると、はっとするわけです。それから「生命論」ではなく「いのち論」といいます。そのことで、ある広がりを持つ。

ぼくら団塊の世代は漢語を使いたがります――アジびらとか、立て看板の文句がそうでしたね。漢字と漢語だらけです――、彼の言葉はそうではありません。漢語を使うとあたかも何かを言ったような気になるけれど、彼は日常語に直してそれを確かめ直す。あの時代をすごしてきて、自分の使ってきた言葉をどうとらえ返すのかという作業をやってきたのだと思います。そこを徹底してやった。『飢餓陣営』の三十八号、吉本さんの特集号で、村瀬さんは、ぼくの知らなかったことも含めて昔のことを書いていますが、こうしたことがとてもよく分かるような書き方になっています。

村瀬さんとはこれまで、十四、五冊ほど本を作っていますが、東京と京都というように離れていたので、会ったり酒を飲んだりということがほとんどなかったのです。でもぼくは、夜、仕事を終えた後、彼に電話をして、溜まりに溜まった話を聞いてもらってきました。『わたしはこんな本を作ってきた』の「あとがき」で村瀬さんもそのことを書いていますが、ぼくにすれば聞いてくれる相手がいたことはすごくありがたかった。彼にはほんとうに助けられたと思います。逆に聞き役に徹する方からすればこれほど辛いことない、そこは、ちょっとぼくには見えていなかったところかもしれません。やはり、ぼくは鈍感なところがあります。少し反省の弁です。

村瀬さんから送られてきた原稿に、ある時、一通の手紙が入っていました。「ぼくの原稿を一番最初に読んでくれるのは、小川さんです。小川さんに読んでもらいたいから、ぼくは書いているんです。その小川さんがだめだという判断をされるなら、それで結構です」。そう書いてあるのです。著者に、最初に読んで欲しい読者はあなただと言ってもらえることは、信頼関係というか編集者冥利に尽きることです。

彼との仕事では、ぼくのほうから企画めいたものを持ち出したことは、ほとんどなかったのです。村瀬さんのほうから、こういうことを考えているけど小川さんはどう思うかとか、今度こういうものを書いたので読んで欲しい、と送られてくることが多かった。勢古さんは違っていて、ぼくのほうからこういうものを書いてほしいとタイトルを送ると、三週間待ってという返事が来て、その通りに、目次とときには小見出しまで送られてくる。逆にこちらからタイトルと目次案を作って送ると、それを彼風にアレンジして返して来る。そうやってキャッチボールをしながら仕事が進んでいく。そんな感じです。村瀬さんにこちらからテーマを出してお願いしたのは、『なぜ大人になれないのか』（洋泉社・新書y、二〇〇〇）と『13歳論』（洋泉社、一九九九）の二つの場合です。このテーマは外せない、と思ったのです。

ここで村瀬学の文体についてすこし話してみます。

日常語で哲学すると世界が生きいきと見えてくる――そういうと村瀬さんの発想がわかる気がします。

たとえば、彼はこんなふうに展開します。具体的に『「いのち」論のはじまり』（JICC出版局、一九九二）で展開されるなにげない言葉である《「ある」と「いる」》を一読してみてみましょう。大げさにいえば、この論などは、その内容の深さにおいて、ほとんどハイデガーの『存在と時間』を想起させます。また、日常語の可能性を求める試みは、「生命」ではなく「いのち」という言葉を選ぶ姿勢にも表われております。

著者は「あとがき」で次のように述べております。《この作業の中で、それまで気づかなかったことにも気がついた。とりわけそれまで無造作に「漢字」で書いてきたものが、どうしても「ひらがな」でなければおさまりがつかないという「感じ」などがそうだった。それは単なる「ひらがな」への気づきというのではなく、「より日常的に使われる言いまわし」への気づき、というようなものだった。それは「用語からことばへ」という私のモチーフになった。》と。

ここで述べていることは、最前から述べていることと重なっています。

もうひとつ例をあげて説明してみます。

それは『13歳論』についてです。サブタイトルに「子どもと大人の『境界』はどこにあるのか」とありますことに注意してみてください。

「13歳論」と聞くと、あー、近頃の子どもの荒れや逸脱行動について論じたものだな、という早トチリする人もいるかもしれませんが、かれが展開するのはそのことだけではなく、もっと射程の長いことになります。端的に言いますと、そのモティーフは子どもと大人の「境界」を「国境」のように意識し直す、という主題になります。

かつて、十三歳とは、元服する年齢でありました。著者の言う「人類史的な視野」で見るなら、十三歳とは、親とおさらばし、剣を取って闘うことが求められ、性として生きることが求められる年として自覚されてきたものですね。しかしながら、近代にはいって、子どもと大人の「境界」はどんどん後ろへ後ろへと設定され、この「境界」のイメージが稀薄化され、果てはモラトリアム人間などの概念のもと、二十歳を過ぎてもまだ子どもという時代に入ってきています。

いったん、十三、四歳の人間がおこした事件に遭遇すると、本来、十三歳がもつ力などに思いをいたさず、「近頃の子どもは……」などと、ことさら驚いたり、嘆いてみたり、憤ったり、などというリアクションが見られがちになります。それで本当にいいのでしょうか。どこか間違っているとしか思えません。

「小学生論」「中学生論」「学校論」ではなく、正味、「13歳論」が書かれなくてはならないゆえんです。

現在、「中学生の犯罪・事件」と呼ばれ気味悪がられている出来事の根っこには、巷間、マスコミなどで言われているごとく、管理教育・偏差値教育の問題や、またしつけのできない家庭教育の問題というように学校や親の問題にしたり、「思春期」の病理というように心理学的な発想などでは、どうにも捉えきれない「人類史な問題」があると思うのです。

言っている本人がそれほど信じてもいない「犯人探しゲーム」にうつつをぬかし、即席の解答を与えるよりも、もっと深い問いこそが今求められるべきなのです。

この本では、第Ⅰ部、第Ⅱ部の構成となっておりますが、第Ⅰ部では「物語のなかの13歳」を論じて、「物語」に「年齢」があったことがあらためてわかる仕掛となっております。また第Ⅱ部では、その「13歳」を理念として、主題として追究されることになります。

そこのところを著者はこう述べております。少し長い引用になりますが、肝心なところなのであえて引用してみます。

《ここで、私は「年齢」という問題を、人類史の現象としてだけではなく、生命のサイクルや共同体のシステムの問題としてとらえ直そうという試みをしている。……ここで「13歳」問題が、「個人」の「成長」や「発達」の問題としてあるだけではないのだということに、いくらかでも関心を向けていただけることになったら幸いである。》と。

大人になることが「心理学の言葉」で語られ過ぎている現状を省み、そのようなアプローチではなく、「個人の心理」の問題にしたりせず、「社会の仕組み」の問題として、もう一度「大人になる」ことを捉え直すことが必要ということになります。

このことの問題意識は「ことわざ」についてもいえると思います。くどくなるのでここでは深くお話ししませんが、ことわざの思考法を読み解くことで、人々の生活を視野にいれつつ、述べるやり方は、「理論」的なにおいは少しも感じさせませんが、「生活」のにおいを感じさせるやり方を徹底させております。

こうしたやり方は、若い時分に、障害児施設で園のお母さん方に読んでもらう通信を書いてきた時からのやり方からみられるところです。

なにか難しい言葉を連ねることが高度な内容を示唆するかに感じる感性とは、まったく異質な村瀬さんのやり方が、思想書としては珍しく女性の読者を獲得しているのは、こうした文体からも理解できるとぼくは感じております。

それと村瀬さんの本は、現象を語るけれど、その先にも思考が伸びていくところが面白いところ、優れたところだと思います。このことも言っておかなければなりません。

いまお話しした『13歳論』は、学校の教師や母親たちの会で話題になりました。清水眞砂子さんの本と同様の傾向です。いま同志社女子大学の児童学の先生ですから、そういう研究関係の人も来るかもしれませんが、当時はそうではなく、母親の集まりから声をかけてもらうことが多かったと思います。施設職員をしていたとき、母親を対象に、通信を書いていたのですが、その関係の延長だったのだと思います。幅広く読んでもらえたでしょうが、主流は、そういう子育て世代の人が読者だったような気がしますね。

小浜さんの場合であれば、誰かを徹底してやっつける、論争する、そういうスタイルですね。最初の三部作『学校の現象学のために』『方法としての子ども』『可能性としての家族』（いずれも初版は大和書房）でも、誰かを徹底してやっつける、論争文スタイルです。そういう本になっています。これは「情況への発言」の、吉本さん的な論争の本です。しかし村瀬さんは論争するタイプではありません。でも、ダメだというもの、批判しなければならないことについては、きちんと批判しています。従来の発達論や発達心理学への疑義、自閉症論への批判はきちんと書いていますし、小沢勲さんの『自閉症とは何か』（洋泉社、二〇〇七）を復刊させてくれたのも、自閉症が論じられて来た

歴史への村瀬さんの強い批判意識のたまものです。そう感じております。(＊1)

（＊1）『初期心的現象の世界』『理解のおくれの本質』などを、夜を徹して読み耽っていた当時、発達論や、発達心理学の、原始反射、系統発生といった生物学に根拠を持つように装われた論理が大変に新鮮なものとして映っていた。何しろ万葉学とか折口学とかを必死にかじっていた国文学出の学生が、いきなり飛び込んだ現場が〝特殊教育〟である。〝発達論〟などという言葉さえ始めてだった。そうやってカルチャーショックを受けながら身につけ始めていた発達論モデルの思考は、村瀬氏によってことごとく批判されていた。

「ところが、〈発達〉という概念は、最近とみに無思慮のうちに乱発されて使われていると感じることがある。心の現象はすべて〈発達〉の概念で説明されるかのような使い方がされていると感じることがある。心の変容性は心の発達性に還元しつくせるものではないのに、あたかも心的な現象イコール心的な発達であるかのような説明＝錯覚がまかり通りつつあるような感じがするのだ」（新書版 p.83）

　ではなぜ、心的現象イコール心的発達ではないのか。

「幼児期を発達としてとらえることは、今のところ〈流行〉の域を脱していない。ネコもシャクシも〈発達論〉であり、発達論の大安売りである。では全体として一体〈幼児〉とは何なのかと問われてみると、結局のところ個々の具体的な発達の状態が述べられる以外にやりようがないようになっている。（略）／私たちの問わなくてならないのは、心的現象総体にとって〈幼児性〉とは何か、という観点なのである。なぜそういうふうにして〈幼児〉を問わなければならないのか。それは心的現象にとっての幼児性とは、決して過ぎた発達段階のものではなく、今もなお私たちの大人の心的現象そのもの中に息づいているひとつの生ける構造としてあるからである」（同 p.88）

　ここが村瀬氏の発達論批判のひとつの肝であり、この著書の重要なモチーフの一つだろうと思う。そしてここには、吉本隆明氏の『心的現象論序説』などの著作の根本を作る重要な人間観が、間違いなく引き継がれていると感じたのである。当方が現場にいて、実証的と称する認知論や行動論や、イデオロギーとしての発達論に埋没せずに来られたのは、このあたりに理由があるように思われるのである。

▼児童文学という領域へ

最後はやはり清水眞砂子さんですね。

ぼくが児童文学を読んで面白いなと思ったのは、ほとんどが翻訳物でした。そして見てみると、訳者には必ず清水眞砂子と猪熊葉子という名前がありました。この二人がかかわった仕事に『オンリー・コネクト――児童文学評論選』(イーゴフ/スタブス/アシュレイ編、岩波書店、全三巻)というものがあり、これを猪熊さんと清水さん、当時慶応の教授だった渡辺茂男さんの三人で訳しているのです。このときのタイトルにおっと驚き、「この関連性だけが」という意味でしょうが、いろいろな問題があるがこの関連性を解いていけば、問題がどこにあるか見えてくる。それが「オンリー・コネクト」というタイトルなんだ。そうぼくは解釈しました。そしてとくに清水さんの訳しているものが圧倒的に納得できる。この人と一緒に仕事をしてみたい。

アメリカで、スーザン・E・ヒントンという十七歳の少女が書いた小説『アウトサイダーズ』が大きな話題になった。でも日本では誰も知らない。ヤング・アダルト小説です。誰かが翻訳して出版すればいいじゃないかと思っていたのですが、どこの会社もやらないのです。翻訳小説をやるつもりはなかったのですが、清水さんにどうやってコンタクトをとるかという差し迫った問題とひょっとしたら売れるかもしれないというスケベ根性があったので、このアメリカの小説を訳してもらいたいとお願いをし、承諾してもらったのです。そして実はもう一冊、お願いしたいことがあるのですが、といった。これまで書いたものをまとめるという形ではなく、新たに書き下ろすということで子どもの本に関する本格的評論を書いていただけないかとお願いし、できたのが、『子どもの本の現在』です。ともあれまずは、『アウトサイダーズ』（大和書房、一九八三）を売れる本にしないといけない。どうしようかと考えていると、村上春樹の『風の歌を聴け』とか『羊をめぐる冒険』の装丁の絵がとてもいい。このイラストを描いていたのは京都に住んでいた佐々木マキ氏です。こういう作りにすれば、若い読者をつかまえることができるんじゃないか。そう考えて彼に装丁のイラストを頼んだのです。それと同時に幸いにもF・コッポラ監督が映画化して売れましたが、このとき映画化を当て込んでわれわれの本に文庫（金がなかったので上製本の権利はとったのですが文庫化の翻訳権をとっていなかったのです）を急遽、版権を取ってほんの一カ月ほどでぶつけてきた大手出版社があったが、そのえげつなさと汚さには今回は触れません。どの会社か知りたい方は自分で調べてください。日本の出版界の水準の低さがわかりますが、それよりも清水さんが批評のほうを書き進めるのを、じっと待っていたわけです。(＊1)

『子どもの本の現在』では、評価する作品と批判する作品とが歴然と分かれています。神沢利子さんや乙骨淑子さんにはすごく肩入れをしているし、石井桃子さんにたいする評価はものすごく高い。清水さんは、「石井桃子」（『講座日本児童文学』明治書院、一九九七）で日本児童文学者協会新人賞をもらっているのですが、それとは別に、新たに今回書き下ろしてもらったものです。徹底して批判されたのが灰谷健次郎、松谷みよ子ですね。ここでは「生理」という言葉がキーワードになっていて、女性が女性である場合、率直に言われていて、言われたほうはむっとしたりすることがあったと思います。(*2)これは物議をかもしたと言ってもいいくらいの評論でした。大和書房は児童文学書のプロパーではないですから、プロパーでないところからプロパーに乗りこんできた、という言われ方をしていたところはあったのですが、そうではなく、児童文学という名前を冠せられているけれども、本読みにとっては関係ない。文学です。

今江祥智さんが、仲間とともに聖母女学院短大の先生時代に年間一冊だけ出していた、いうなれば年刊雑誌ともいうべき『児童文学一九八一』(発行元は最初は聖母女学院短大、のちに子どもの本専門店「メリーゴーランド」)という雑誌があり、何年間か続いていました。本の雑誌名は年刊ですから毎年、年号のところが変わります。そこから原稿を頼まれたのです。ぼくが外部から依頼され書いてはじめてギャランティ(ウイスキー二本)をもらった記念すべき原稿です。この本には色々な声が聞こえてきていましたから、だったら担当編集者が書かなくて誰が書くんだ、そう思って、初めて文章らしい物を書きました。「特集＝いま、この本がおもしろい」(『児童文学一九八五』)という号です。その文章を次に掲げておきます。

まず、のっけから明らかにしておかねばならないことがある。実は、私はこの本の編集担当者であるということだ。自分自身が作った本を、〃いま、この本がおもしろい〃というコーナーで取り上げることは、ある種、傲慢な行為と思われるむきがあろうが、そのことは余り意識しないことにする。一体、何が傲慢であり、何が謙虚な態度であるか——そのことは、その本の出来、あるいは内容に対してどれだけ誠実であり得るかにかかっており、それ以外は問題とならないからである。

最初の読者である編集者が、はじめてその原稿と向き合ったとき、ある種の予感といったものを感じとることがある。どこまで、その切っ先が届き得るのか、また対象と切り結んだ世界が、その場の特殊性を離れて、どれだけ普遍性を獲得しうるか——そのような予感が原稿を受けとったとき、最初の一行で感じられたことが、この本の成功を約束していたのである。

東北の一農村で生まれ、育った私は、子ども時代には手元に一冊の子どもの本をもつことがなく、また手にとって読むこともなくただただ遊び呆けていただけである。長じて、編集者になっても、子どもの本を作るということとは遠い世界で過ごしてきた。

それが自分の子どもとともに、少しずつ、ほんの少しずつ読むという中で、児童文学というものを楽しんできたということがあった訳である。何かしら、居心地の悪さを感じながらも。

いまでは、もう誰の文章であるか忘れてしまったが、ある雑誌で次のような記述に出会ったことがある。

《児童文学を「文学」と思ってはいけない。それは一流の作家が、子どもの読者のために精魂をこめた「物語」でなければならない》と。

あー、なる程、これが児童文学という世界の最大公約数なのか、という思いと、冗談ではない、文学は断じて文学でなければ、頭に「児童」という限定がついていても、ジャンル論で片付けられてはたまらないという思いが、どうも、いま感じている居心地の悪さの源ではないかとかんがえられたのである。

私にとって、児童文学とは簡単な定義となる。つまり、主人公が子どもであること、また〝子どもの目〟を通して語られる文学であること、これに尽きるということである。あまりに乱暴な物言いで、あきれられることを承知で言ってしまえば、読者がだれであるかに余り関係しないということになる。大人であっても、子どもであってもかまわない。

I・B・シンガーのいう《おとなになっていくことの不思議について、また生きることと愛することの謎に立ち合う不思議について思いめぐらす読者》を相手にするのが、児童文学とすれば、生理的な意味での年齢はかまわないはずである。

このような刺激的な物言いがしたくなるのも、一般的に言って、児童文学の世界なるものが、私などのような素人から見れば、狭い党派性と仲間ぼめしか存在せず、売れることが即、その作品の質を保証するなどという楽観性——その実、売るために読書感想文コンクールの課題図書に採用してもらうために狂奔している——にどっぷりひたっているように思える。そうならば果たして真の批評が存在し得るのか、という思いがあるからである。

ひとつの作品に対して、どこか本気でない、という接し方がゆるされている世界——「文学」と「物語」が対立的に語られ、それが疑問にも思われず肯定的に取り沙汰されるならば、批評はどこにあるのか。

著者の清水眞砂子さんはこの本の「はじめに」で次のように述べている。

《子どもの本の世界には、「子どもの本である」というただそれだけの理由で、検証を免れてきた問題が相当ある。私は子どもの本という特殊性に目を奪われて、本質を見誤ることをおそれる。特殊性など一度思いきってうっちゃってみたほうがいい。特殊性に頼らなければいけないようなものなら、古典など一冊も持ちえていないはずだからである。》

また、「あとがき」では次のようにも述べている。

《次の一歩を踏み出すために、私は自分の中にあるもろもろのものを一度明るみに出して検討しなければならなかった。（中略）私はそのために、それぞれの作家の到達点を見きわめたいと思った。それなくしては、批評は批評になりえない。それははたしてできたか、どうか。》と。

ここには、ジャンル論をこえたまっとうな指摘がある。児童書が児童書にとどまっている限り、決して見えない視点がある。一ジャンルにとじこもることから自らを解放し、より大きな視点からとらえようとする者の真摯なマニフェストがある。

児童文学の意味をさぐるため、その特殊性をきわめようとする一方で、ジャンルを一度こわし、表現そのものの意味をつきつめようとする二重性をかかえこむ。

作品はいつも解読されることを待ちつづけている言葉とは、吉本隆明氏の言であるが、彼はまた、批評のうちでもっとも愉楽を感じながらできるのは作家論であるとも言っている。

清水眞砂子さんの最初の単行本が、作家論という形をとった児童文学批評であることは、私にとってひとつの大きな暗示ともなる。

石井桃子、乙骨淑子、神沢利子、松谷みよ子、上野瞭、灰谷健次郎、今江祥智——これら現在《いま》を生き、現代日本を代表する七名の児童文学者をこう順番に並べてみると、余り言われていないことなので一言述べてみたいことがある。

それは、ひとつの糸口がより大きな問題の連鎖となっていく切り口を求めていくという構成になっていることである。

たとえば、石井、乙骨、神沢、松谷と続く女性作家（なぜ女性ではなく女流などということばがあるのか、男にはそのような限定などない）の場合を貫くキーワードである〈生理〉がどのような連鎖を示しているのか。

その視点は、石井と松谷を両端におき、乙骨と神沢をその中間におく構成によくあらわれているのではないか。

つまり、石井の場合、生理と近代主義のあいだで揺れ、『幼ものがたり』で本然の生理の豊かさを開花させるまでなんと啓蒙家の役割に自己をかりたてたのかの皮肉を、また松谷の場合、自分の生理にずぶずぶにのめり込み自覚的でないかを否定的につく一方、生理と理念を誠実に引き受け志半ばに倒れた乙骨と、その豊かな生理を相対化しつつ問いを生き続ける神沢の姿勢により好感を示しているというように。

また美意識のあやうさをよく知っている人間としての上野に対し、「良心」によりかかることの危うさではなく、その心地よさを謳いあげてしまう灰谷を、そして、全体を貫くべく最後の章に、軽さではなく軽みの重要性を指摘すべく今江論をという構成は、明らかにこの作家の問題意識のあり方を示すものである（一般には、最後の章の今江論のもの足りなさを云々されるが、よく読めばもっとも〝毒〟――それは糖衣錠の形ではあるが――が盛られていることに慧眼の士ならばとうに気づかれているはずなのだが）。

読者の反響が、灰谷健次郎論、松谷みよ子論の批評のはげしさのみにおいてみられる「ポレミーク」の書に限定されることを、著者ともどもおそれる。事の本質はそんなところにはないからである。

《石井の近代主義的傾向は私の中にもあり、生理をくぐりぬけたことばの獲得は、今、私のもっともめざすもののひとつである。継承の問題もそうなら、軽みの問題もまたそうで、いってみれば私は、これら七人の作家たちの作品と今一度かかわることで、自らをたしかめ、きたえようとしたのである。》

作品は貧しくも読まれれば、また豊かに読まれることもある。ただ貧しく読むことを拒絶することが何事かであるのだ。

貧しく読まれた一例を上げてみたい。

ある児童書の編集者は、

「あれではM先生が可哀想」――可哀想の水準でとどまっていられる神経には何らのことばもないのだが――

また、ある児童書の営業マンは、

「この本はよくない本ですから、とくに、うちのH先生の本が売れなくなりますから、あなたの書店には置かず、売らないで下さい。そうしていただかないと今後、H先生の本は回さなくなりますよ」――それでもいいものは売れるんだといっておけばいい――

なんと滑稽な言い草ではないか。なんと時代錯誤の事大主義的な物言いではないか。もし、児童図書〈出版〉にかかわるものの〈水準〉がこの程度のものにとどまっているならば、私どもはひとりの読者として、一体、いつになったら、もう少し開けた世界と向かい合えることになるのか。

児童文学批評の最高水準を示す本と読者から迎えられ、エポックメイキングな一冊と称されるこの本が、児童図書とは無縁な私どもの手で出されたことは、まさに情況的である。

情況は情況をとらえる者にのみ情況として存在するというのは、けだし名言である。児童文学における本物の批評の誕生の場に立ち合えた者としての興奮が少しでも伝われば、私としては、何もいうことはない。

今、清水眞砂子さんは、この書で達成された地点からもう少し先まで歩こうと、続編の想を練っている。刮目して待つべきである。

（編集者）

（『児童文学一九八五』第十三号　一九八五年七月）

●『子どもの本の現在』　清水眞砂子著・大和書房刊

日本児童文学者協会賞という賞があるのですが、当時、ぼくはこの本で絶対受賞できると思っていたのですが、結局、だめだったのです。選考委員が審査結果について短評を書いているんですが、受賞作については何も書かないで、なぜ『子どもの本の現在』が受賞できなかったかについて、くどくどと書いている。それほどインパクトを与えた本だったのです。書店に、この本を売るなと働きかけた人間まで出たのです。相当有名な人で、児童文学の育ての親のように言われている人です。プロパーであるとかないとか関係ない、いい本かそうでないか、それしかないだろう、そう思って、じゃあ自分で書こうと思って書いたわけです。つっかかるぼくの性格がでている文章ですね（笑）。

そしてその文章で「続編の想を練っている」と書いていたのは、じつは『子どもの本のまなざし』（JICC出版局、一九九二）のことなのです。清水さんは翻訳者ですから、日本の次は世界であり、英米の児童文学について書いてほしいということでお願いしておりました。これには八年かかっています。翻訳の仕事が立て込んでいたのと取り上げる作家の作品がすべてがすべて邦訳されていなかった関係もあり、自分で訳しながら批評するという苦闘があったのです。当初、十人くらいやってもらおうかなと思っていたのですが、取り上げたのはE・L・カニズバーグ、フィリパ・ピアス、ヴァージニア・ハミルトンの三人だけでした。五三〇枚ほどの書き下ろしになりました。これで一九九三年第33回日本児童文学者協会賞を受賞します。なにも前回のリターンマッチというわけで力瘤がはいっているわけではなく、かえってしなやかさが溢れた本になっております。これは前年の横川寿美子『初潮という切り札』（JICC出版局、一九九一）の第25回日本児童文学者協会者新人賞と二年続けての受賞でした。

当時、清水さんは研究で一年間海外に行ける制度があり、イギリスに行っていたので、ぼくが代理で授賞式に行き、受賞の言葉を代読しました。写真まで撮られたんですが、代理の人間の写真を撮ってどうするんだ、と思ったものです。作家たちと写真をいっしょに映っている編集者の写真のキャプションにある「一人おいて」という言葉を思い出し、恥ずかしかったです。そして同じ年に『幸福の書き方』（ＪＩＣＣ出版局、一九九二）も出します。これも候補作の一つでした。そして清水さんとの最後の仕事が『青春の終わった日――ひとつの自伝』（洋泉社、二〇〇八）となります。これは最後にふれてみましょう。

その前にどうしても清水眞砂子の意志力について話しておいたほうがいいのでそれをやってみましょう。

清水さんは若き日に、上野英信『火を掘る日日』でＳ少年に出会い、この少年とまっすぐ向かい合えなくて何が児童文学だ、と覚悟を決めたと二回ほどふれています。最初にふれたのは、氏の最初の児童文学評論ともいえる『子どもの本の現在』（大和書房、のちに岩波同時代ライブラリー）であり、最後にふれたのは、わたしの本（『編集者＝小川哲生の本　わたしはこんな本を作ってきた』）の付録に書いてくれた文章でであります。

その一節は次のようなものです。

《本文を終えて、私は今、Ｓ少年のことを考えている。Ｓ少年ときちんと向かい合える児童文学を、と私は思い続けてきた。Ｓ少年とは、上野英信が『火を掘る日日』（大和書房）の中に書いている筑豊の少年のことである。私は自分の批評の仕事が、今日の児童文学をＳ少年と向かいあえるものにする、その力の一部になれたら、とおもってきた。／だが、そのＳ少年はもうこの世にはいない。私はそれをこの本の出版が決まって間もなく、大和書房の小川哲生さんから教えられた。この本を企

画し、編集の労をとってくれた小川さんは、『火を掘る日日』の編集者でもあったのである。》（『子どもの本の現在』あとがき）

一般の読者の方にはS少年とはいったいいかなる人物であり、何をなしたのかといぶかる向きもあろうかと思います。そこで、この本の担当者であったぼくからすこし説明してみようと思います。

上野英信は「S少年」を次のように描いております。

「狂暴な石炭合理化の政策の嵐は筑豊の黒い谷々に無数の失業者群を遺棄するとともに、おびただしい長欠児童をうみおとした。S少年もその一人である」。上野は書き出しをこうはじめます。S少年は十四歳、順調に進んでいれば中学三年生のはずだが、じっさいに学校に通ったのは小学五年の春までであった。その彼を上野は自分の家に引きとるために彼の家を訪れる。S少年の父は十四歳から働きつづけ、炭鉱の閉山で得たなけなしの退職金を持ち逃げされ、自暴自棄に酒をあおるだけ。母親といえば狂気に沈み、長男と長女は家をでていた。

S少年はすべての意欲と意志を奪われた両親と、まだ幼い妹を背負っての苦闘がはじまる。とにかく働いて飢えをしのがねばならない。

彼は働きに働きつづける。だが、どんなに働いても少年の働きでは焼け石に水である。盗むよりほかにもう手段はない。どれほどきびしく監視されても、おどかされても、彼はけっしてやめない。それはかれが一家を養うために、どんな障害を排除しても敢行しなければならぬ、神聖な労働のひとつだったのだから。

なんか、こう説明していくととても切なくなってきますが、彼の苦闘はまだまだ続きます。

上野家に引きとられてきて、飢餓の脅威が去っても、一皿以上はけっして箸をつけようとしない。発育ざかりのたくましい食欲にもかかわらず。残りは「あすたべるからとっておいてください」。朝食の副食はみそ汁以外手をつけず「弁当のお菜にいれて」とたのんでもっていき、欠食児童に食べさせる。「ぼく一人が弁当をくうても、うもうないけん!」

彼が十四歳になるのをまっていた官憲は彼を少年鑑別所に送ることを決定した。最後の朝にS少年は上野に食べさせるために朝までかかって釣ってきたウナギのかば焼きつくって焼酎の一升びんとともにすすめた。当然にもこの一升びんも彼が盗んできたものであった。そして彼は少年鑑別所に収容される。

そして上野は最後にこう述べる。この文章中もっとも美しく、わたしの年長の友人の齋藤愼爾が、もっとも美しい日本語のアンソロジーをつくるならその筆頭に上げたいといった「S少年のこと」の最後の一節である。

《鑑別所から教護院へと、S少年はおくりこまれていった。三度脱走をはかって、三度つれもどされた。なぜ脱走をするのか。魚がとりたかったけん、と彼は答えた。これからもやはり彼は脱走をつづけるだろう。もっとも残酷に生活を奪われた、酔いどれの父と狂った母と幼い妹のいるかぎり。彼らの飢餓が彼自身とは無縁であると感じないかぎり。》

上野英信はそうして最後を締めくくる。

《筑豊の炭鉱は無数のS少年をうみながら崩壊をつづけてゆく。私はいまさら学校教育と学校教師の指導性の欠如を論じようとは思わない。問題は、労働者階級が彼を正統の「階級の息子」「人民の子」として、受けとめることができるかどうかである。筑豊がみずからを解放するためにたちあがらないかぎり、彼は奪いかえされもせず、救われもしない。汚辱にまみれた筑豊の私生児として、彼はやがて筑豊に反逆するだけだ。》と。

清水さんはこうしてS少年と真正面から向かい合うことを決意する。「子どもは純真」だの「子どもの可能性は無限」だのとのたまう周囲の人間に問いかける。本当にそうなのか、と。太宰治の描く子どもはそんな生易しいものではない。もう少し自意識のあるいやらしい姿ではないか。まして上野英信描くところのS少年はどうなのか。知らないことはいい。どうしても知るべきとは言えないからです。もしS少年の存在を知ってからも、かわいらしいだけの子どもを描き続ける児童文学とはどういうものか。そんなことを考えさせる一齣です。

清水眞砂子の思いと覚悟、その意志の強さをうかがうに十分なエピソードです。こんな彼女と一緒に本が作れたのはまさに幸運と呼ぶほかありません。やはりわたしは幸せものなのです。

約束どおり彼女との最後の仕事となった『青春の終わった日』についてひとこと語らせてください。

わたしたちは自分がどう生きてきたのかを時として振り返ります。なんとはるかに生きてきたのかと。こうとしか生きられなかったと自信をもって振り返る人生をもてたらどんなにいいでしょう。人間は、あらゆるものになれたはずだが、これにしかなれなかったという悔恨があります。しかし、後ろ向きに考えるのではなく、わたしはこう生きてきたといえたらどんなにいいでしょう。そういってみたい誘惑にかられます。ある種の「自伝」に接するとき、わたしたちは感動します。この人の半生とは、なんと生き生きしているのだろうと。

ぼくにとっては、自伝・伝記というのは好ましいジャンルではありましたが、編集者としては、それほど刊行してきたジャンルではございません。若い書き手にとっては、縁のない分野であり、また功なり名を遂げた人の自慢話では、作品としての魅力を失うからでもあります。

そうではなく、現役バリバリのひとに自らの半生を書いてもらうには、時期を選ぶ必要があり、なかなか好きなジャンルであっても刊行が難しいことがあります。この人の書くものをすべて断簡零墨まで読んでみたいという欲求とこの人の人生そのものを見ておきたい、という欲求が合わさって初めて可能なジャンルではないか、という気持ちがぼくにはあります。

著者の原点としての〝子ども時代の森〟に分け入っていく姿勢は、これから人生を切り開いていく若い読者にとっては、大きな指針になるに違いありません。たとえ時代は変わっても同じようなことに悩みながら成長していくことに変わりはないからです。

本書の書き出しは、二〇〇五年に著者が新疆ウイグル「自治区」の西の果て、カシュガルの町で一軒の古道具屋に立ち寄ったところからはじまります。

そこで見たものは、一枚の写真でした。セピア色に変色した日本人の家族写真。それは戦前、朝鮮や満州に住んだ日本人の家族写真だったのです。なぜこんなところに日本人の写真があるのか。思いがけない場所で、遠い過去がふいに閉じていた口をかっと開けて襲いかかる。

そこから著者の「心の旅」ははじまります。

著者には、一枚の「家族写真」もありません。すべて失われたのだった。それはなぜか。終戦時に朝鮮から引き揚げるときに失われたからです。そのことが著者に強烈に迫ってくる。そうだ、もういちどあの時代をさぐってみよう。そして父母・兄弟姉妹と、私自身を辿ってみようと。

こうして自伝は始まります。しかし、彼女の自伝は著者の若き日、二十七歳になったばかりのところで終わっています。

まだ何者でもない、これから何をしようかと決意したところで終わっております。「青春の終わりがこれほどの解放をもたらしてくれるとは！」という著者の述懐は、それほどに感動的です。

清水さんが、自伝にとりかかるには、刺激をうけた本に森崎和江さんの『慶州は母の呼び声』の存在があることを忘れてはなりません。わたしがその本の復刻版をつくるに際して、彼女に「解説」をお願いしたのです。彼女は当然にもその本を二十年前に読んでおりました。「解説」を書くにあたって再読して気づきます。「今、再読したこの本は、もはや私にとって、単に森崎和江個人の物語でなくなっている」と。

森崎さんとおなじく朝鮮半島からの引揚者であり、「朝鮮」という植民地に生を受け、そこで育った痛みを、おのおのかかえて生きているという共通点はあったものの、再読以前は森崎個人の物語として読んでいたのが再読後は自分の物語になったと気づかされるのです。

そうして、みずからの家族のこと、自分が生をうけたところから、もう一度見つめなおそう。なぜ自分には「家族写真」が一枚もないのか、と。

本の内容は、北朝鮮（正式には北部朝鮮。国名の略式名・北朝鮮は当時ないからです）から引き揚げ。

子どもの時から本読むことをつづけてきたけれど、それがどれほど生きるということの支えになったか。病気という挫折。そして学校の先生になり、そこを辞め、本格的に子どもの本に関わって行く、と決意するところで終わります。もしこのあとの続編をどなたか奇特な編集者がおられたら、作っていただけるとありがたいと思います。物を書き始めて、ぼくとの仕事を始めるあたりまでのことを書いた原稿（「清水眞砂子――私の児童文学ノート⑴⑵⑶」『日本児童文学』二〇〇四年七、八月号、九、十月号、十一、十二月号）は、すでにあるのですから、それを完成させることに伴走してくれる編集者がいれば、ぼくのできなかった本ができるのに、と思うことしきりです。それとこの森崎さんの本に書いた「解説」と『青春の終わった日』を重ねて読んでくれる本格的な評論もまた待ち望まれます。その端緒には、ひとりの編集者がいたことを知ってもらえればありがたいのです。

いま改めて考えてみますと、児童文学の世界と外の世界と、二つをつないで仕事をしてくれる人は、なかなか少ないように思います。ぼくの周辺で見ても、たとえば村瀬学さんや滝川一廣さんはよく清水さんの本を読んでいますし、逆に清水さんも村瀬さん、滝川さんの本を読んでいます。その意味では媒介者の役目を果たせたのではとひそかに自負しております。清水さんは、「小川さんがいなかったら、私たちは村瀬学にも佐藤幹夫に出会うことはなったかもしれない」とぼくの本の付録（清水眞砂子「小牛田の人」）に書いています。そういう本を通じた著者同士の関係ができていくわけで、それはいわゆる党派とは別のものだろうとぼくは考えています。そういう人間のつながりというのは、面白いものだと思います。それこそ「オンリー・コネクト」ではないか。渡辺茂男さんがこんなことを書いています。

「私たちの訳文が、このすぐれた評論集を、日本の読者と『ただ結びつけることさえすれば（オンリー・コネクト）』と願うだけである」（『オンリー・コネクト』Ⅰ「訳者あとがき」）

結びつけることさえすれば、というところに本のタイトル「オンリー・コネクト」が出てきます。まさに編集者と著者の関係、著者と著者の関係、編集者と編集者の関係は、うまくいけば「オンリー・コネクトである」と言いたいところがあるのです。三十代以降、自分が編集者をやりながらめざしてきたところも、そういうところにあったと、そう言ってもいいのではないかと思います。

（＊1）清水氏は、次のように書いておられる。

「飛んだ私に小川さんはアドバイスはしてくれたが、細かい小言はいっさい言わなかった。彼は口は人一倍悪いくせに、人を神経質にして守りに向かわせるようなことはいっさいしなかった。おかげでこちらはいつも本質的なことだけを考えていられた。夫もまたそうだった。私は夫の励ましと小川哲生という稀有な編集者のおだてに乗って、なんとか無事めざす地点に着地した」（「私の児童文学ノート（3）」『日本児童文学』二〇〇四年十一、十二月号）

（＊2）「松谷みよ子論」のタイトルが「生理のゆたかさは武器になるか」。書き出しの数行を引用させていただく。

「松谷みよ子は生理のゆたかな作家である。そのゆたかな生理を武器にしてきた作家である。乙骨淑子が自らの生理の解放にむけてもがき、生理をくぐりぬけたことばの獲得をめざしていたころも、松谷はおそらくそんな苦闘とは無縁のところで仕事をしつづけていたにちがいない。（以下略）」（単行本 p.109）

作家を肯定する論を導くための冒頭ではない。厳しい批判がこののち展開されていく。なぜ、どう批判されるかは、ぜひ著書本文にあたっていただきたい。

【付録】3

李昂著『夫殺し』を刊行するにあたっての私どもの見解

本書『夫殺し』翻訳刊行するにあたって、私どもの見解を一言述べさせていただきます。

本書は原著の刊行以来、日本語版の刊行が久しく待望されてきました。それにもかかわらず、現実には長い間、「幻の書」として、書名ばかりが盛名をはせるという不幸な状態に長く置かれたのです。それはひとえに、本書に、いわゆる差別語が数多く使用され、それがネックとなり、刊行がためられてきたからにほかなりません。

日本語版の刊行が、本来の意図とは異なり、「差別」を助長するおそれがあると判断されたためか、あるいは「臭いものにフタをする」業界の自主規制のためか、企画がたてられては立ち消えになるという状態が続き、真正面から作品に立ち向かう姿勢を欠いていたと言っても過言ではありません。一方、日本に先立ち、ドイツ、フランス、アメリカではすでに翻訳が刊行され、その文学性の故、高い評価を受けております。

台湾という地理的には日本に近い国で刊行され、その文学性の高さが、専門家はもちろん一般読者の間でも評価されていることを考えるとき、アジアの一員である日本の読者の手に、いっときも早く世界文学の共有財産として日本語版を届けることは私どもの責務です。またそうすることが、台湾を五十年もの長きにわたって植民地として支配・収奪し、現在に至るまで台湾文学に冷淡な態度をとり続ける日本の出版状況に対する異議申し立てにもなると考える次第です。

いうまでもなく、いわれなき差別や偏見は絶対に許されるものではありません。まして、活字に携わる私どもが、意識的・無意識的にもそれを助長することはあってはならないことは当然であります。

『夫殺し』のモチーフは、女性を性的快楽と家系維持のために男児を産ませるための道具とみなしてきた社会と、貧困と差別に苦しめられた男を生みだした中国の伝統的礼教社会に対する怒りと苦しみに満ちた告発にあり、人と獣が紙一重である状況を大胆に描くことで、本書は人間性の最深部を抉ることに成功しています。

はじめのほうで、「いわゆる差別語が数多く使用され」と記したことについて、若干、触れてみたいと思います。

「豚殺し」という言葉に代表されるそれらの「差別」表現は、「生き物を殺すことは悪であり、それ故、それをなした者は地獄に落ちねばならぬ」といった前近代的な誤った意識にもとづいた「残酷さ」を表わす言葉のように、一見すると思われがちですが、事はそれほど単純ではありません。本文中において、作者は以下のように記しております。

《屠夫としての陳江水は、同業者の中でも名人格であった。……仲間の屠夫たちが彼を「豚殺しの陳」と呼んだのは、彼の女の攻め方をからかっていたばかりでなく、その仕事ぶりを賞賛してもいたのである》と。

「豚殺しの陳」とは、まず、陳本人の名人ぶりとその仕事ぶりを賞賛しての仕事仲間による表現でもあったのです。しかしながら、それはまた、世間から屠夫として優秀な技術を持つが故に、かえって差別的に扱われるという二重性としてもえがかれている点も指摘しなければなりません。それは、差別の過酷さを描くためにも必要だったことですが、ことほどかように、差別をめぐる問題は、言葉を、表面的に判断すればそれで済むというように一筋縄ではいかないものと、私どもは考えます。

また、作者は、この陳江水を必要以上に、妻をいたぶるサディスティックな人物として描いているようにみえますが、それも伝統的な中国社会の差別の苛烈さを告発するための必要にかられてのことです。その証拠には、たとえば、陳江水と娼婦金花との交流場面をみていただければそのことは充分に納得できます。

母子家庭の極貧のなかで育ち、五歳の時より身の丈ほどの竹籠を背負って豚の糞拾いをし、長じて屠夫の職を得た陳江水、いちどは嫁したものの、跡取り息子を産めないが故に婚家より娼楼に売り飛ばされた金花、そのいずれも最下層の人間として描かれていますが、その筆致は温かく、中国の伝統的礼教的社会に対する作者のいい知れぬ怒りが表われている個所と言えるでしょう。この個所を読むとき私どもは、凄惨な表現の連続のなかにあって、一種のオアシスのように感じざるを得ません。

また、訳者もその解説で触れている、陳江水が「殺生を続けてきたからには死ねば地獄に落ちるものと覚悟を決めていた」、あるいはセックスのときの「屠畜の際に覚えるのと同じように気の充実を覚えていた」などという表現の問題について言及するなら、これは、かつての台湾における貧困と差別に苦しめられた男の原罪意識と、それから刹那的にのがれようとする彼の心理を描くためにとった作者の方法なのだということです。職業差別と女性差別のなかで苦しむ人々を、フェミニズムの視点から低いことばで語ることにより——とりたてて声高に職業差別と女性差別を批判しているわけではないし、またもし作者がそのようにした場合、この作品の文学としての質は確実に下がり、単なる公式的なマニフェストに成り下がったことでしょう——、中国の伝統社会に流れている差別の無残さを、悲しみと怒りをこめて告発していることはわかっていただけるはずです。

さらに、もう一つ肝心なことがあります。それは、この作品の最後の個所で、陳江水の切り刻んだ肉体を海に流すヒロイン林市の行為についてです。彼女の行為は、自らの罪を自覚していた陳江水を西方浄土へ送り届ける行為として描かれており、その意味で、『夫殺し』の全編を流れるテーマこそまさしく復讐と救済であるといっても過言ではありません。

表面上の差別語の有無で、この作品が不当に評価されることを私どもは恐れます。そうではなく、この作品に流れている主調低音を読者は必ずや気づくことでしょう。これこそ、まさに真の意味での反差別文学である、と。だからこそ、私どもは言葉の差し替えなど一切行わず——それはかえって差別の実態を曖昧にすることしか意味しません——、あえて原著の忠実な翻訳をと心掛けた次第です。

本書の刊行は、日本の屠場労働者およびその家族の方へのいわれなき差別や偏見を生み出すことを意図したものではありません。日本の現実をみるとき、たしかに、部落差別とも関連しながら陰湿なかたちで屠場労働者への差別が続いていることは否めません。肉食の歴史が浅く、自ら動物を屠って食する伝統のなかったわが国では、飽食の時代を迎えてかつてないほど多量の動物性蛋白源を摂取している一方で、屠場で働く人びとを差別視するという矛盾を平然と犯しているのが実情なのです。

その意味で、本書に描き出された物語は、今日の日本の現実と遠くかけ離れたものではなく、日本における屠場差別をも同時に撃ちうるものであると私どもは考えており、本書を世に問うことによって、そうした差別や偏見を生み出す社会への警鐘になればと願うものです。

宝島社一局書籍編集部

（文責＝小川哲生）

（李昂著・藤井省三訳『夫殺し』付記　一九九三年六月一日初版発行）

あとがき

若年時にいたく気に入った言葉がある。

人はあらゆるものになれたはずだが、彼は彼以外のものになれなかったという事実は、今更ながら驚きである、というのがそれだ。

若いとき、あらゆる可能性に向かっていくその姿勢と、結果として現在に至った道は、たとえお粗末であっても、ある必然をもって、いまに至っていると考えてきた。とくに、この言葉は、四十年の社員編集者生活を終えた際の自分を省みての思いとともにまたやってきたのである。

自分は、一貫して一介の編集者として著者の熱意に伴走してきたとの自負がある。それは掛け値なしの本音である。世にいうところの辣腕編集者とかベストセラー編集者には生涯なれなかった。そうしたことには縁もなかった。自分では「無冠の帝王」を気取ったこともあったが、それに反して社内評価は「無冠の低能」「我儘自分勝手」「管理職失格」のそれでしかなかった。必ず他人の評価というものは自己評価よりも低いというのが相場である。だから、それが悔しいのではない。それよりもほんの少数の著者と読者がわたしを支えてくれたことが身に余る光栄なのである。

居直りではないが、あらゆるものになれたはずだが、俺は俺にしかなれなかった。その事実を前にして自分を見つめなおすことが問われている。

二〇一〇年三月に一介の素浪人になり、一年ほどぶらぶらしてみた。なんの収入もなく、カミさんに喰わせてもらった。これでは一生頭があがらないが、仕方がない。

何がやりたいのか、何がやれるのかを考えてみたかったからである。

もし許されるなら好きな仕事と好きな著者の本だけを作っていければ、というきわめて贅沢でしかも傲慢に見えかねない位置に自分をおいてみた。そうすると気が少し楽になってきた。

肩書きなどいらない。なんの後ろ盾のないただのフリー編集者でいい。名刺すらもっていない境遇でも構わないではないか。

そうしたとき、長年、協同作業をやってきた、名著『自閉症裁判』（洋泉社、二〇〇五　のちに朝日文庫・二〇〇八）の著者であり、フリージャーナリストで『飢餓陣営』の主宰者である佐藤幹夫さんから、思いがけない申し出を受けた。

「小川さんの四十年の編集者生活をふり返って、思う存分話してもらえないか。近年忙しさにかまけ、『飢餓陣営』を放り出しかけてきたが、3・11の大災害と原発事故をきっかけに、再度、自分の雑誌を復活させたいので」という熱心な誘いだった。単なる懐古談にするつもりはないという「決めゼリフ」がわたしを後押ししてくれた。

ありがたい申し出だった。

自らの非力も顧みず応じさせてもらうことにした。

テープ取りは居酒屋だったり喫茶店だったりしたが、あのざわついたなかで自由に話をさせてもらった。見かけに似合わず集中力だけはあったのかもしれない。その面倒なテープ起こしの作業と並行して、佐藤さんは当該個所に関係する文献にあたりそれを引用するという形で註をつけることで客観的な補強をし、構成を整えてくれた。脈絡などお構いなしに話してきたことが佐藤さんの腕力によって少しずつさまになってきた。自分は日記を書いたりしてこなかったが、編集者時代にはメモ書きを残したり手紙の下書きを保存したりしていたので、自分のもっていたメモを参照したり、その手紙を挿入することで、記憶の曖昧なところを修正しながら手をいれた。少しでも佐藤さんの努力に報いたいという思いがあった。

文芸関係の編集者には、たくさんの回顧談があり、それが貴重な文学史的証言の記録になっているが、わたしのような人文書の編集者にはあまりその手の本が見られない。いわんやわたしの本などは到底貴重な証言ともなっていない。本書では、恥を忍んで、あえて執筆依頼の手紙も若干挿入してみた。当時の思いを少しでも再現したいと思ったからである。ここを誤解してほしくはないのだが、「いい気」になっての自慢ではけっしてないのである。それくらいの慎みはわたしにもある。

編集入門のような本のどのページを開いても、決して明らかにされていないのが執筆依頼の手紙そのものである。どのように依頼するのかを具体的に教えるのは至難である。あの人ならどのような手紙で執筆を引きうけてもらったのか興味津々なのにそんな文章はお目にかかったことはない。「学ぶ」とは畢竟「真似ぶ＝真似る」ことであるとするなら、実物を提供するに如くはない。こう考えた。

本刊行後のパブリシティ対策のために書いた文章は、先に刊行した『編集者＝小川哲生の本　わたしはこんな本を作ってきた』（言視舎、二〇一一年五月）で明らかにしている。いずれも、けっして手本になるような文章ではないが、わたしのやり方はこれでしかないということはわかっていただけるのではないかと思いあえて前著のパブ対策の手紙同様、執筆依頼の文章も若干収録した次第である。読者の方には諒とされたい。

本書は、三回にわたって雑誌『飢餓陣営』（36号　二〇一一〇年八月、37号　二〇一二年三月、38号　二〇一二年八月）に掲載された「（聞き書き）編集者＝小川哲生」と題された原稿と今回単行本化に際してあらたに語り下ろしたものを元に、話し忘れていたことやその後思い出したものなどを加筆・訂正などを施し完成させたものである。タイトルは、勢古浩爾さんがいみじくもわたしを一言で喝破した言葉をそのままお借りして『生涯一編集者』としました。なんの取り柄もないわたしにとってはすこしかっこよすぎるきらいはありますが、ご勘弁願います。

最後に、このようなお話をする機会を与えてくださり、あまつさえ聞き手・構成者として註をつけて、原稿をまとめていただきました佐藤幹夫さん、本文の中でも佐藤さんにふれて発言したかったのですが、どうしても固辞されてふれさせていただけませんでした。これが一つの心残りではあります。前著と同じくすばらしい装丁で本書を飾っていただきました菊地信義さん、出版情況の厳しい折、刊行の労をとっていただいた言視舎の杉山尚次さんにお礼申し上げます。皆さんの友情なくして本書の刊行は不可能でした。ありがとうございました。本当にわたしのまわりの人に助けられての編集者生活であったとの思いでいっぱいです。

そして、最後に身銭をきって本書を買っていただき読んでみようと思ってくださった、まだ見ぬ読者の皆さまのご好意に感謝の言葉を申し上げます。あなたがた読者とどこかでつながっているという思いが、四十年の長きにわたって編集稼業を支えてきた源です。これが信じられるのがまさに編集者というものでしょう。ありがとうございます。

小川哲生

二〇一三年一月二十一日

[著者紹介]

小川哲生（おがわ・てつお）

1946年宮城県生まれ。早稲田大学第一政治経済学部政治学科卒業。

1970年大和書房を皮切りに、1990年JICC出版局（現・宝島社）、1995年洋泉社を経て、2010年3月に40年来の社員書籍編集者生活を終える。この40年間に企画編集した書籍は400冊になる。

現在、フリー編集者。

著書に『編集者＝小川哲生の本　わたしはこんな本を作ってきた』（言視舎）、共著に『吉本隆明に関する12章』（齋藤愼爾責任編集　洋泉社・新書y）、『渡辺京二コレクション』1、2（ちくま学芸文庫　編者・解題）。

[構成・註釈] **佐藤幹夫**（さとう・みきお）

1953年秋田県生まれ。75年國學院大學文学部卒業。批評誌『飢餓陣営』主宰。現在、更生保護法人「同歩会」評議員、自立支援センター「ふるさとの会」相談室顧問。主な著書に『ハンディキャップ論』（洋泉社・新書y）、『自閉症裁判』（朝日文庫）、『「こころ」はどこで育つのか　発達障害を考える』（聞き手、滝川一廣著、洋泉社・新書y）など。

雑誌「飢餓陣営」についてのお問い合わせ、お申し込みは
編集工房飢餓陣営まで。
〒273-0105　鎌ヶ谷市鎌ヶ谷8-2-14-102
URL http://www.5e.biglobe.ne.jp/~k-kiga/

編集協力………田中はるか
DTP制作………勝澤節子

生涯一編集者
飢餓陣営叢書 3

発行日❖2013年2月28日　初版第1刷

著者
小川哲生
発行者
杉山尚次
発行所
株式会社言視舎
東京都千代田区富士見 2-2-2 〒102-0071
電話 03-3234-5997　FAX 03-3234-5957
http://www.s-pn.jp/
装丁
菊地信義
印刷・製本
㈱厚徳社

ISBN978-4-905369-55-4 C0395

言視舎刊行の関連書

978-4-905369-05-9

編集者＝小川哲生の本
わたしはこんな本を作ってきた

伝説の人文書編集者が、自らが編集した、吉本隆明、渡辺京二、村瀬学、石牟礼道子、田川建三、清水眞砂子、小浜逸郎、勢古浩爾らの著書265冊の１冊１冊に添えた「解説」を集成。読者にとって未公開だった幻のブックガイドがここに出現する。

Ａ５判並製　定価2000円＋税

小川哲生著　村瀬学編

978-4-905369-34-9

飢餓陣営叢書１
増補　言視舎版

次の時代のための吉本隆明の読み方

吉本隆明が不死鳥のように読み継がれるのはなぜか？　思想の伝承とはどういうことか？　たんなる追悼や自分のことを語るための解説ではない。読めば新しい世界が開けてくる吉本論、大幅に増補して、待望の復刊！

四六判並製　定価1900円＋税

村瀬学著　聞き手・佐藤幹夫

978-4-905369-44-8

飢餓陣営叢書２

吉本隆明の言葉と「望みなきとき」のわたしたち

３・１１大震災と原発事故、９・１１同時多発テロと戦争、そしてオウム事件。困難が連続する読めない情況に対してどんな言葉が有効なのか。安易な解決策など決して述べることのなかった吉本思想の検証をとおして、生きるよりどころとなる言葉を発見する。

四六判並製 定価1800円＋税

瀬尾育生著　聞き手・佐藤幹夫

978-4-905369-23-3

言視舎版

熊本県人

渡辺京二の幻の処女作　待望の復刊！　作家は処女作にむかって成熟すると言われるが、その意味で渡辺京二の現在の豊かさを彷彿させ、出発点を告げる記念碑的作品。熊本県人気質の歴史的な形成過程を丹念に掘り起こし、40年経った今なお多くの発見をもたらす。

四六判上製　定価1600円＋税

渡辺京二著

978-4-905369-15-8

本に遇うⅠ

酒と本があれば、人生何とかやっていける

生き方がみえてくる！痛快無比の読書案内、130余冊、読書の饗宴。会員誌『選択』に十年以上にわたって書き継がれてきた本をめぐるエッセイ。本と出会うことは事件である。本との出会いで、人生は決定づけられる。

四六判上製　定価2200円＋税

河谷史夫著